¡Anímate!

Focus on Science and Math
Introductory Spanish

Audrey L. Heining-Boynton
Sonia S. Torres-Quiñones

¡Anímate! Focus on Science and Math: Introductory Spanish

Longman 10 Bank St., White Plains, N.Y. 10606

Executive editor: Lyn McLean
Production and Design: Hispanex, Inc.
Cover illustration: Laura Hartman Maestro
Text art: Laura Hartman Maestro, Hanna Bonner, and Ruth J. Flanigan

1 2 3 4 5 6 7 8 9 10-CRS-99 98 97 96 95

TABLE OF CONTENTS

Los dinosaurios

En este capítulo vamos a aprender:

1. los nombres de algunos dinosaurios.
2. las características de algunos dinosaurios.
3. cuándo vivieron los dinosaurios.

Dibujo 1: Unos dinosaurios

Triceratops

Estenonicosaurio

Tiranosaurio Rex

Dibujo 2: Más dinosaurios

¡Adelante!

A. Vamos a explorar. Vamos a explorar algunos dinosaurios. Mira nuevamente los dibujos y llena los espacios en blanco.

1. Nos gusta comer carne. Somos carnívoros. ¿Quiénes somos?

   _____ y _____.

2. Nos gusta comer plantas. Somos herbívoros.

   ¿Quiénes somos? _____, _____,

   _____ y _____.

3. Tenemos escudos. Somos _____ y

   _____.

4. Soy el dinosaurio de cuello más largo. Soy _____.

5. Soy el dinosaurio más corto. Soy _____.

6. Corro a unas 50 millas por hora. Me llamo _____.

7. Soy el más grande. No tengo pies. Tengo patas. Cuando camino dejo huellas

   muy grandes. Soy _____.

B. ¿Hervíboro o carnívoro?   Haz una investigación de otros dinosaurios.
¿Son herbívoros o carnívoros? Llena la gráfica.

Los dinosaurios

Herbívoros	Carnívoros

Ahora, compara tu gráfica con la de un(a) compañero(a) de clase.

C. No puede ser.   ¿Qué hay de malo con este dibujo?

Dibujo 3: Cuatro dinosaurios y una niña

¡Correcto! No vivieron en la misma era.

D. Vamos a hacer una gráfica.   No todos los dinosaurios vivieron a la misma vez. La era mesozoica se divide en tres períodos. Escribe en la gráfica los nombres de otros dinosaurios en su período correcto. Si lo deseas, también puede hacer dibujos.

GRÁFICA DE LA ERA MESOZOICA

PERÍODO TRIÁSICO: hace 200 millones de años

Plateosaurio

_____

_____

PERÍODO JURÁSICO: hace 150 millones de años

Estegosaurio

_____

_____

PERÍODO CRETÁCEO: hace 100 millones de años

Triceratops

_____

_____

Actividad 1

 ¿Cuál es? Ahora vas a escuchar. ¿Cuál es la respuesta correcta?

MODELO **Escuchas:** Es el dinosaurio más grande.

   Tú: ⓐ el tiranosaurio ⓑ el estegosaurio ⓒ el plateosaurio

1. ⓐ el triceratops ⓑ el brontosaurio ⓒ el estegosaurio

2. ⓐ el triceratops ⓑ el brontosaurio ⓒ el diplodoco

3. ⓐ el triceratops ⓑ el brontosaurio ⓒ el estegosaurio

4. ⓐ el diplodoco ⓑ el compsognato ⓒ el plateosaurio

5. ⓐ el diplodoco ⓑ el compsognato ⓒ el plateosaurio

Actividad 2

¿Cierto o falso? Escucha las frases y luego marca si son ciertas o falsas.

MODELO **Escuchas:** No conocemos los colores de los dinosaurios.

   Tú: (cierto) falso

1. cierto falso

2. cierto falso

3. cierto falso

4. cierto falso

5. cierto falso

Actividad 3

Dime lo que ves.   Describe los dinosaurios. Di dos cosas de cada animal.

MODELO   **Tú:**

Es el dinosaurio más pequeño.

Es un dinosaurio muy rápido.

1.

2.

3.

Actividad 4

¡Adivina!   Escribe tres cosas que describan a un dinosaurio o algún aspecto de los dinosaurios. Un(a) compañero(a) debe adivinar de qué hablas.

MODELO   **Tú:**

> a. No es herbívoro.
> b. Es carnívoro.
> c. Tiene dientes muy grandes.

Compañero(a):   *Tiranosaurio Rex.*

1. a. _____

    b. _____

    c. _____

2. a. _____

    b. _____

    c. _____

3. a. _____

    b. _____

    c. _____

Actividad 5

Crucigrama. Usa diez palabras de tu *Vocabulario activo* para completar el crucigrama.

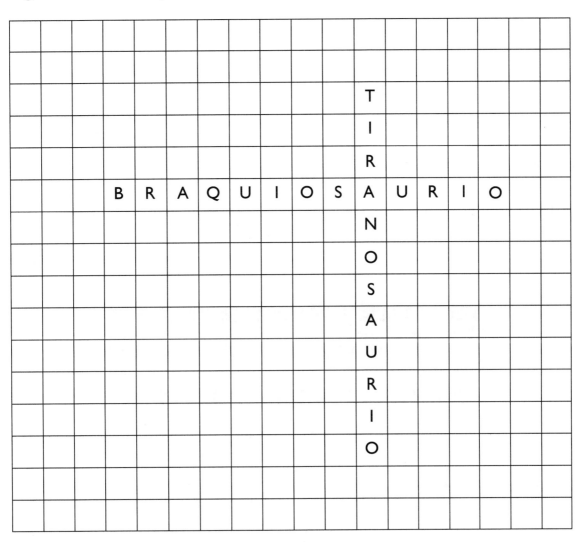

Actividad 6

Mi dinosaurio personal. Inventa tu propio dinosaurio completando la información que sigue. Luego dibújalo.

Nombre del dinosaurio: _____

¿Cuánto mide? _____

Anchura: _____

Peso: _____

Dieta (o lo que le gusta comer): _____

_____

¿Dónde vive? _____

¿De qué color es? _____

¿Tiene hermanos? _____

_____

¿Qué hace durante el día? _____

¿Qué hace durante la noche? _____

_____

<table>
<tr><td>Vocabulario útil</td></tr>
<tr><td>longitud
  metros
  pies
  pulgadas

peso
  kilos
  libras</td></tr>
</table>

Soy un dino. ¿Quién soy?

(rap)

Soy un dino muy feroz,
como carne sin pudor,
peso ocho toneladas
y otros dinos son mi caza...
¿Quién soy?
SOY EL TIRANOSAURIO REX.

Soy un dino con coraza
y también tengo tres cuernos,
protección segura llevo
en mi cuerpo y en el cuello...
¿Quién soy?
SOY EL TRICERATOPS.

Vocabulario activo

braquiosaurio   *Brachiosaurus*
brontosaurio   *Brontosaurus*
carnívoro   *meat-eating (carnivorous)*
compsognato   *Compsognatus*
diplodoco   *Diplodocus*
escudo (coraza)   *plate of a dinosaur*
estegosaurio   *Stegosaurus*
estenonicosaurio   *Stenonychosaurus*
herbívoro   *grass-eating (herbivorous)*
huella   *footprint*
lagarto (lagartijo)   *lizard*
pata   *foot of an animal*
período cretáceo   *Cretaceous Period*
período jurásico   *Jurassic Period*
período triásico   *Triassic Period*
plateosaurio   *Plateosaurus*
ser humano   *human being*
tiranosaurio Rex   *Tyrannosaurus Rex*
triceratops   *Triceratops*

2

Los continentes

En este capítulo vamos a estudiar:

1. dónde están los continentes.
2. unos datos interesantes sobre los continentes.
3. las zonas de la Tierra.

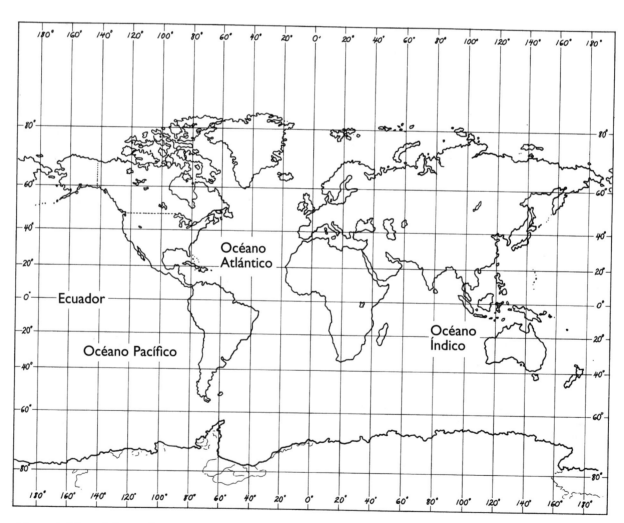

Mapa 1: Mapa del mundo

¡Adelante!

A. ¿Dónde están los continentes?   Escribe en el mapa 1 los nombres de los siete continentes. Los continentes son: Asia, Norteamérica, Suramérica, Europa, África, Australia y Antártida.

B. Mi propio mapa.   Ahora dibuja tu propio mapa. Incluye y nombra en tu mapa: La línea del Ecuador, la zona polar del Norte, la zona polar del Sur, la isla de Puerto Rico, las montañas de los Andes y el desierto de Sáhara.

C. ¿Qué sabes de los continentes?   Mira el mapa 2 y el mapa 3. Escribe en la gráfica por lo menos dos cosas sobre cada continente. Puedes escribir, por ejemplo, qué tiempo hace allí, en qué zona(s) está(n), o indicar algún país y su capital.

Gráfica de los continentes
Asia
Norteamérica
Suramérica
Europa
África
Australia
Antártida

Actividad 1

¿**Dónde en el mundo?** Mira el mapa 2 y el mapa 3. Escucha la frase y busca la conexión con el dibujo. Luego escribe el número o la letra que representa lo que escuchaste.

MODELO   **Escuchas:** Suramérica está en el hemisferio sur.

   Tú: *6*

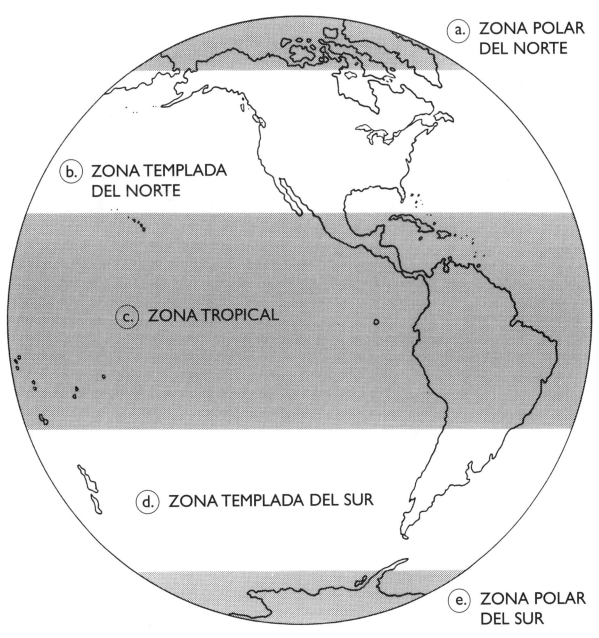

a. ZONA POLAR DEL NORTE

b. ZONA TEMPLADA DEL NORTE

c. ZONA TROPICAL

d. ZONA TEMPLADA DEL SUR

e. ZONA POLAR DEL SUR

Mapa 2: Las zonas del mundo

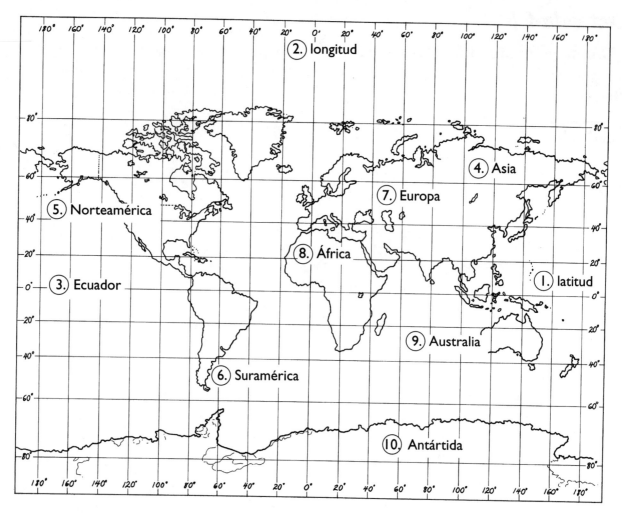

Mapa 3: Los continentes

1. ___   2. ___   3. ___   4. ___   5. ___

Actividad 2

📼 **¿Cierto o falso?**   Escucha las frases y luego marca si son ciertas o falsas.

> **MODELO**   **Escuchas:**   En el Ártico hay muchas islas que pertenecen a Norteamérica.
>
> **Tú:** (cierto)   falso

1. cierto   falso

2. cierto   falso

3. cierto   falso

4. cierto   falso

5. cierto   falso

Actividad 3

¡Anímate y dímelo!   Usando **dónde, cuándo, cuál** y **qué**, pregúntale a tu compañero(a), o al grupo, sobre los datos que más te interesen. Puedes usar los mapas de la *Actividad 1* para tomar ideas.

> **MODELO**   **Tú:**   *¿En qué zona nunca hace mucho frío?*
>
> **Compañero(a):**   *En la zona tropical.*

Actividad 4

Adivina adivinador.   Dales a tus compañeros una, dos o tres claves para que adivinen de lo que estás hablando. Usa **soy** o **estoy.**

> **MODELO**   el lugar más alto / Tanzania / África
>
> **Tú:**   *Soy el lugar más alto.*
> *Estoy en Tanzania.*
> *Estoy en África.*
> *¿Quién soy?*
>
> **Compañero(a):**   *El lugar más alto de África es la montaña Kilimanjaro.*

Actividad 5

Vamos a leer.   Lee el siguiente párrafo y luego contesta las preguntas.

MODELO   ¿Dónde está Australia, al norte o al sur de la línea del Ecuador?
Australia está al sur de la línea del Ecuador.

Australia es el único país del mundo que ocupa un continente entero. Se encuentra completamente debajo de la línea del Ecuador. Tiene la distinción de ser la isla más grande del mundo y el continente más pequeño. Si viajas en tren del Oeste al Este (de la ciudad de Perth a la ciudad de Sydney) tardarás tres días y tres noches en cruzar Australia. El 30% de toda la lana del mundo viene del suroeste de Australia. Es el continente más llano y árido de todos los continentes. Sólo el 6% de la tierra es cultivable.

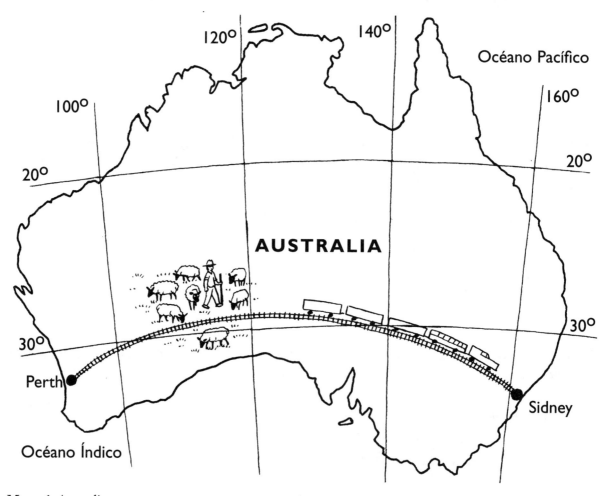

Mapa 4: Australia

1. ¿En qué continente está Australia?

2. ¿Es Australia un continente pequeño o grande?

3. ¿Es Australia una isla pequeña o grande?

4. ¿Cuántos días y noches tardas en tren de Perth a Sydney?

5. ¿A qué latitud y longitud se encuentra Australia?

Actividad 6

Leamos de nuevo. Lee la información acerca de las zonas. Dibuja un mapa del mundo con datos de cada zona. No te olvides de usar la información que sigue como referencia.

Las zonas

En la zona tropical si no llueve mucho, hay un desierto como el desierto de Sáhara. Si hay mucha lluvia, existe una selva tropical.

En las zonas templadas hay bosques y praderas. Hay muchos árboles, como el pino. En las zonas polares hace mucho frío. En la zona polar del Norte hay dos comunidades de plantas: la tundra y el bosque frío. Los árboles en el bosque frío son pinos y abetos. En la zona polar del Sur hace demasiado frío y todo está cubierto de hielo, por lo tanto no hay mucha vida vegetal.

Las zonas del mundo

Actividad 7

Mi propio estudio. Estudia el mapa del mundo. Escribe la latitud y la longitud de cada uno de los países o continentes que están en la lista. Luego escribe una oración acerca de cada país o continente.

MODELO   Argentina:

> a. Está entre la latitud 10° y 70° Sur y entre la longitud 55° y 75° Oeste.
>
> b. Argentina está en Suramérica.

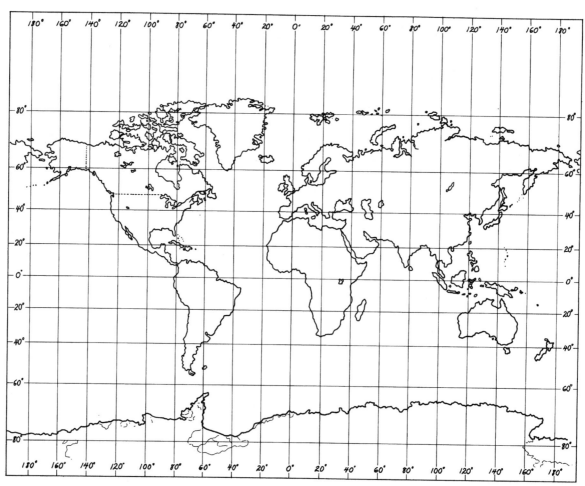

Mapa 5: El mundo

1. Australia:

    a. _____

    b. _____

2. Brasil:

a. _____

b. _____

3. Norteamérica:

a. _____

b. _____

4. Perú:

a. _____

b. _____

5. Estados Unidos:

a. _____

b. _____

Actividad 8

Dime quién soy. Lee los datos, mira el mapa que aparece en la *Actividad* 7 y dime quién soy. Luego escribe una frase acerca de mí.

MODELO   Estoy entre la latitud 10° y 70° Sur y entre la longitud 55° y 75° Oeste. ¿Quién soy?

a. *Eres Argentina.*
b. *Argentina está en Suramérica.*

1. Estoy entre la latitud 30° – 10° Norte, longitud 110° – 90° Oeste. ¿Quién soy?

a. _____

b. _____

2. Estoy entre la latitud 36° – 44° Norte, longitud 8° Oeste – 0. ¿Quién soy?

a. _____

b. _____

3. Estoy entre la latitud 80° – 10° Norte, longitud 60° – 180° Este. ¿Quién soy?

a. _____

b. _____

4. Estoy entre la latitud 30° Sur – 30° Norte, longitud 20° Oeste – 50° Este. ¿Quién soy?

   a. _____

   b. _____

5. Estoy entre la latitud 50° – 80° Norte, longitud 140° Oeste – 50° Oeste. ¿Quién soy?

   a. _____

   b. _____

Los continentes

(plena)

En el mundo hay cinco zonas,
en las zonas continentes,
Asia, Europa, Australia, Antártida
y ahí no vive gente...
Norteamérica y África,
Suramérica y su gente,
en el mundo hay cinco zonas
con sus siete continentes.

En Antártida pingüinos,
Suramérica la llama,
en Australia los canguros,
los leones en el África...
en Europa hay lobos,
en América el águila,
y en Asia con la China
el lindo osito panda.

(Repite la primera estrofa)

Vocabulario activo

abeto   *fir tree*
África   *Africa*
árido   *dry*
Asia   *Asia*
Australia   *Australia*
bosque   *forest*
cruzar   *to cross*
cubierto   *covered*
cultivable   *cultivatable (arable)*
desierto   *desert*
distinción   *distinction*
Estados Unidos de América (EE. UU.)   *United States of America (USA)*
Europa   *Europe*
hielo   *ice*
lana   *wool*
latitud   *latitude*
llano   *plain*
longitud   *longitude*
Norteamérica   *North America*
Océano Atlántico   *Atlantic Ocean*
Océano Índico   *Indian Ocean*
Océano Pacífico   *Pacific Ocean*
pino   *pine tree*
selva   *jungle*
Suramérica   *South America*
tundra   *tundra*
vida   *life*
zona polar del Norte   *Arctic Circle*
zona polar del Sur   *Antarctic Circle*
zona templada del Norte   *Tropic of Cancer*
zona templada del Sur   *Tropic of Capricorn*
zona tropical   *Equatorial Zone*

3

La selva tropical

En este capítulo vamos a aprender:

1. los árboles, plantas y animales de la selva tropical.
2. los productos que se originan en la selva.
3. por qué debemos proteger y salvar la selva.

buitre · mariposa · capa emergente · águila · orquídea

palio vegetal · águila

loro · tucán

liana · perezoso · mono

helecho · capa inferior

hongos · iguana · rana · serpiente · jaguar

hormigas · piso

Dibujo 1: La selva tropical

¡Adelante!

A. ¿Qué vive en la selva tropical? Mira el dibujo 1. Haz una gráfica con los nombres de los animales o plantas que viven en cada capa de la selva tropical.

La selva tropical

Piso	Capa inferior
Palio vegetal	Capa emergente

B. Los productos de la selva tropical. Recibimos mucho de la selva tropical. Pon una **X** sobre las cosas que se originan de la selva. Compara tu lista con la de un(a) compañero(a).

maíz   chicle   madera

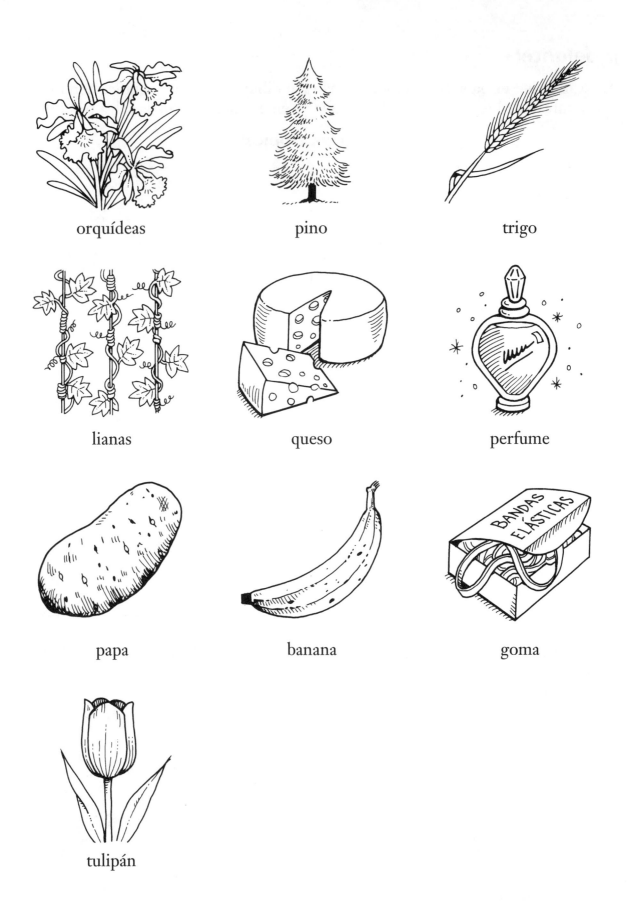

orquídeas

pino

trigo

lianas

queso

perfume

papa

banana

goma

tulipán

C. ¿Sabes dónde están todas las selvas tropicales? Si no lo sabes investígalo con tu clase. Luego colorea el dibujo 2 con el color verde para indicar dónde están. ¿Dónde está la selva tropical más cercana a ti?

Dibujo 2: Las áreas de la selva tropical

D. Las echaremos de menos. ¿Por qué están desapareciendo las selvas tropicales? Escribe tres razones.

1. _____

2. _____

3. _____

E. ¿Cómo nos sirven? ¿Por qué necesitamos las selvas tropicales? Escribe tres razones.

1. _____

2. _____

3. _____

F. ¡Hay que protegerlas!   ¿Qué podemos hacer para proteger nuestras selvas tropicales? Escribe tres sugerencias.

1. _____

2. _____

3. _____

Ahora, combina tu lista con la de tus compañeros. Escribe tres cosas que tú y tus compañeros puedan hacer personalmente.

1. _____

2. _____

3. _____

Actividad 1

¿Cierto o falso?   Escucha las frases y luego marca si son ciertas o falsas.

MODELO   **Escuchas:**   En la selva tropical nunca llueve.

   Tú: cierto   (falso)

1. cierto   falso

2. cierto   falso

3. cierto   falso

4. cierto   falso

5. cierto   falso

Actividad 2

¿**En qué capa está?**   Escucha la frase, mira el dibujo 3 y escribe el número de la capa correcta. El piso es el número 1, la capa inferior es el número 2, el palio vegetal es el número 3 y la capa emergente es el número 4.

Dibujo 3: Las capas de la selva tropical

MODELO   **Escuchas:**   La caña se encuentra en la capa donde no llega mucho la luz del Sol.

Tú: *Número 2*

1. Número ____

2. Número ____

3. Número ____

4. Número ____

5. Número ____

Actividad 3

Anímate y dímelo.   Mira el dibujo 4. Junto con tus compañeros haz cinco frases sobre lo que la selva nos da.

MODELO   *Mi casa es de madera. La madera viene de la selva tropical.*

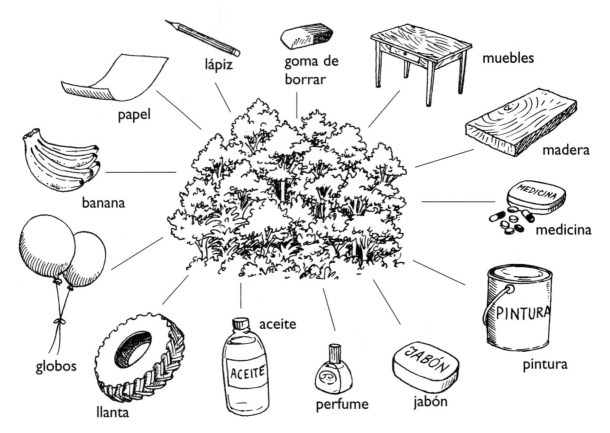

Dibujo 4: Árboles y plantas de la selva tropical

Actividad 4

¿Cuál es la conexión?   Mira el dibujo de la *Actividad 3*. Explícale a tu compañero(a) cuál es la conexión.

MODELO   El chicle
         El chicle es un producto que viene de la goma.

1. La medicina
2. Los globos
3. La pintura

4. El jabón
5. El lápiz

Actividad 5

¿Cómo son las selvas tropicales?   Lee el párrafo y contesta las preguntas oralmente. Puedes trabajar con un(a) compañero(a).

Las selvas tropicales cubren parte de Centroamérica, África, Asia y Suramérica. Esto quiere decir que cubren casi una tercera parte del mundo. Como están cerca del Ecuador, las selvas tropicales tienen doce horas de sol cada día y no hay estaciones distintas. En la selva tropical hay tres capas y un piso de plantas. En el piso se encuentran lianas y helechos. En el palio vegetal hay plantas un poco más altas y en la capa emergente es donde hay plantas muy altas.

1. ¿Dónde se encuentran las selvas tropicales?

2. ¿Cuál es el tamaño de la selva tropical de Suramérica?

3. ¿Cuántas horas de sol diarias tienen las selvas tropicales?

4. ¿Por qué?

5. ¿Cómo son las plantas de la capa emergente?

Actividad 6

Datos interesantes.   Lee el párrafo y contesta las preguntas oralmente con un(a) compañero(a).

El palio vegetal le sirve a la selva tropical como si fuera un paraguas. No deja que la luz del Sol o la lluvia lleguen al piso. Como resultado de esto, cada capa de la selva tiene un clima un poco diferente. Encima del palio vegetal el sol es muy fuerte, hace mucho viento, hay una variación diaria de la humedad y hay cambios de temperatura. Pero dentro de la capa inferior y del piso no corre el aire, la humedad siempre es muy alta y la temperatura no cambia mucho. Sólo un 2% de los rayos del Sol llega hasta el piso de la selva tropical. La falta de luz solar hace que las plantas no puedan crecer bien en el piso de la selva.

1. ¿Por qué el palio vegetal es como un paraguas?

2. ¿Cómo es el efecto del Sol encima del palio vegetal?

3. ¿Cómo es la humedad en la capa inferior y en el piso?

4. ¿Dónde hace mucho viento?

5. ¿Dónde no hace viento y la temperatura no cambia mucho?

Actividad 7

La destrucción de la selva tropical. Haz un estudio de por qué la selva tropical está desapareciendo. El maestro te puede ayudar. Escribe tres frases sobre cómo podemos salvar la selva tropical. ¿Por qué es importante salvar la selva tropical?

MODELO *Podemos reciclar papeles.*

1. _____

2. _____

3. _____

Actividad 8

La capa emergente. Mira el dibujo 5 y escribe un párrafo de cinco frases de lo que ves.

MODELO *Hay árboles muy altos en la capa emergente.*

Dibujo 5: La selva tropical

La selva tropical

(calipso)

Calipso para ti, calipso para mí,
caminar y correr, trepar y volar...
lo hacen los monos, también el tucán,
los pájaros cantan en el platanal.

Calipso, calipso
en la selva tropical.
De Jamaica a Puerto Rico,
Suramérica y Central.
Asia, África y Australia,
podemos encontrar
las plantas y animales de la selva tropical.

(Se repite la primera estrofa)

Vocabulario activo

buitre *vulture*
capa emergente *emergent layer*
capa inferior *bushy understory*
chicle *chewing gum*
Ecuador *equator*
globo *balloon*
goma *rubber*
helecho *fern*
hierro *iron*
hongo *mushroom*
hormiga *ant*
humedad *humidity*
iguana *iguana*
jabón *soap*
jaguar *jaguar*
jengibre *ginger*
liana *vine*
loro *parrot*
madera *wood*
mariposa *butterfly*
mono *monkey*
orquídea *orchid*
palio vegetal *canopy*
palmera *palm tree*
paraguas *umbrella*
perezoso *sloth*
perfume *perfume*
pintura *paint*
piso *floor*
planta *plant*
rana *frog*
selva tropical *tropical rainforest*
tucán *toucan*
viento *wind*

4

Los océanos

En este capítulo vamos a explorar:

1. las características de los océanos.
2. los animales de los océanos.
3. las plantas de los océanos.

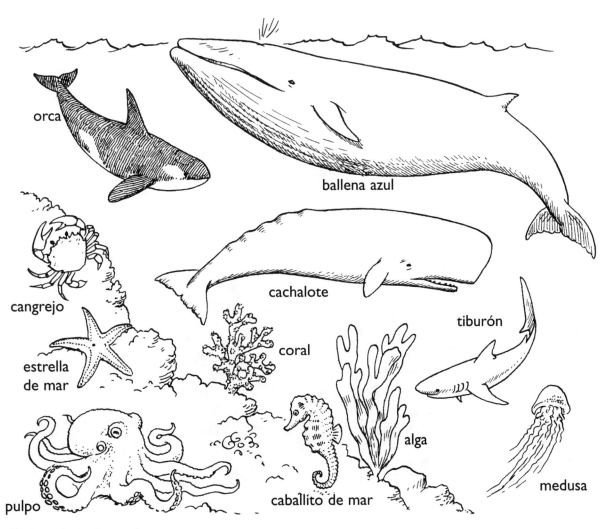

orca

ballena azul

cachalote

tiburón

cangrejo

coral

estrella
de mar

alga

pulpo

caballito de mar

medusa

Dibujo 1: Animales marinos

¡Adelante!

A. ¿Qué se encuentra en los océanos? Mira nuevamente el dibujo 1 y completa la siguiente gráfica. Utiliza todas las palabras que aparecen en el dibujo. Cuando termines, muéstrale tu gráfica a un(a) compañero(a). ¿Son idénticas?

Los océanos

Animales mamíferos	Animales que no son mamíferos	Plantas

B. Sopa de letras. Mira el dibujo 2. Luego encontrarás una lista con palabras que aparecen en el dibujo, pero que no están bien deletreadas. Pon las letras en el orden correcto.

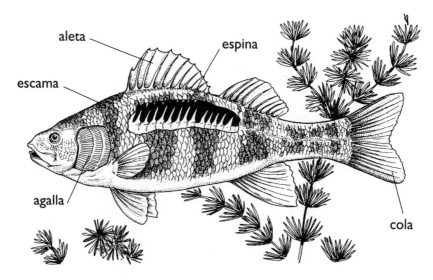

Dibujo 2: El pescado

1. ZEP _____

2. LACO _____

3. TEALA _____

4. LLAAAG _____

5. MACASE _____

C. ¿Eres observador?   Mira el dibujo 3 y trata de memorizar los detalles. Cuando estés listo(a), mira el dibujo 4 de la próxima página. ¿Cuáles son las diferencias entre ambos dibujos?

Dibujo 3: Primera escena en la playa

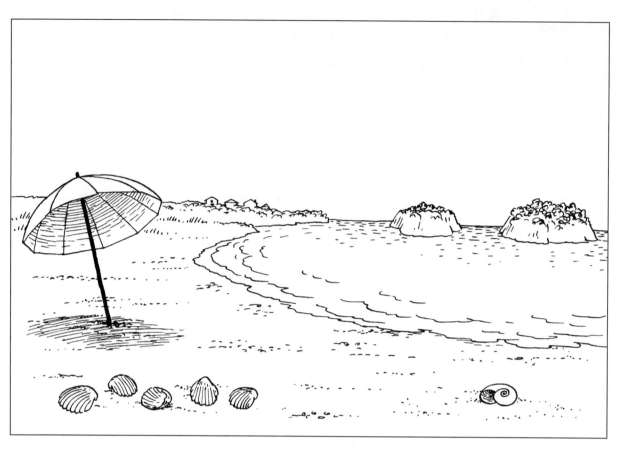

Dibujo 4: Segunda escena en la playa

1. _____
2. _____
3. _____
4. _____
5. _____

Actividad I

 ¿Qué animal marino soy yo? Pon el número de cada frase debajo del dibujo correcto.

MODELO   **Escuchas:**   **1.** Respiro por agallas.

Tú: a.

1

b.

___

c.

___

d.

___

e.

___

f.

___

Actividad 2

¿**Qué puede ser?** Escucha y escoge el dibujo que corresponde a cada frase:

MODELO **Escuchas:** No es un animal de los océanos sino una planta.

Tú:

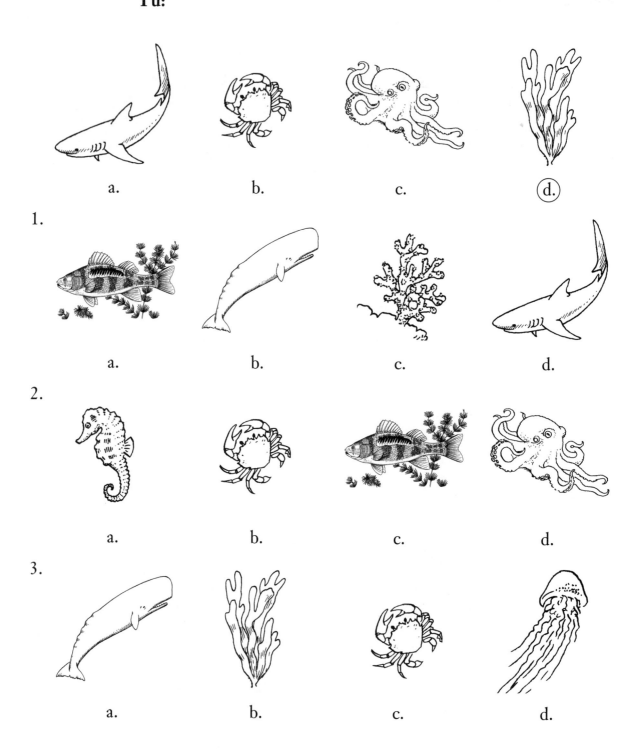

a.   b.   c.   (d.)

1.

a.   b.   c.   d.

2.

a.   b.   c.   d.

3.

a.   b.   c.   d.

4.

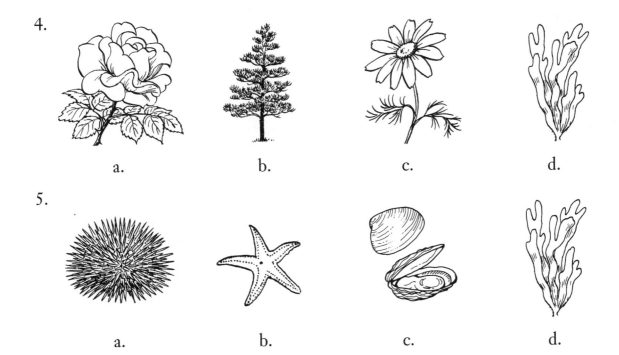

a.   b.   c.   d.

5.

a.   b.   c.   d.

Actividad 3

¿Qué ves?   Mira nuevamente el dibujo 1. Descríbele oralmente a un(a) compañero(a) cosas que veas.

MODELO   El cachalote.

> 1. Es una ballena.
> 2. Es un mamífero.
> 3. No tiene tentáculos.

Actividad 4

¿Dime quién y cómo soy?   Descríbele oralmente a un(a) compañero(a) o a la clase, dos de tus animales marinos favoritos. Trata de usar frases en tu descripción.

MODELO

La ballena azul es el animal más grande del mundo. Pesa 150 toneladas. Respira por medio de pulmones. Es un mamífero.

Actividad 5

Compara y contrasta. Lee el párrafo y escoge dos animales con una o más características iguales. Escribe esa(s) característica(s) en el medio donde los círculos se cruzan. Luego escribe una(s) característica(s) que no sean iguales. Sigue el modelo.

MODELO

La ballena   El tiburón

Es un mamífero.   Tienen dos ojos.   Es un pez cartilaginoso.

Los animales marinos

Algunos animales marinos tienen características muy diferentes entre sí pero también tienen características muy similares. Vamos a describir algunos de estos animales marinos. La ballena es un mamífero, o sea, tiene sangre caliente y respira por medio de pulmones. No puede respirar debajo del agua. Tiene dos ojos y se encuentra en todos los océanos. La ballena *baleen* no tiene dientes pero las otras ballenas sí tienen dientes. El tiburón se encuentra en mares tibios. Es un pez cartilaginoso, no tiene huesos. Tiene dos ojos y muchos dientes. Puede oír muy bien y ver en la oscuridad. Los corales se encuentran en los mares de aguas tibias. Tienen cuerpos cilíndricos y son de muchos colores: anaranjados, verdes, amarillos y violetas. Los corales no tienen ojos. El pulpo no tiene huesos ni concha; tiene ocho brazos (tentáculos), tres corazones y dos ojos. Cuando está en peligro derrama una tinta negra a su alrededor para protegerse del enemigo. El caballito de mar se mueve en posición vertical. Su cuerpo es de carapacho y de espinas o huesos pequeñitos. Mide sólo cinco pulgadas y tiene una cola muy larga.

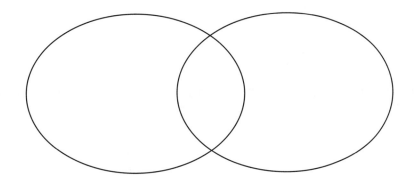

Actividad 6

¡Descubrimiento! Tienes dos números para cada espacio en blanco. El primer número es la columna vertical de la izquierda; el segundo es la columna horizontal. Donde las dos se unen hay una letra; por ejemplo 1,2 = E. Llena los espacios en blanco para saber a qué se refieren las descripciones.

MODELO Soy una planta.

$$\underset{3,5}{\text{a}} \quad \underset{3,1}{\text{l}} \quad \underset{2,5}{\text{g}} \quad \underset{3,5}{\text{a}}$$

	1	2	3	4	5
1	C	E	R	B	L
2	T	H	U	D	G
3	L	M	O	J	A
4	N	Z	I	P	S

1. Mi esqueleto está compuesto de cartílago.

   $\overline{2,1}\quad\overline{4,3}\quad\overline{1,4}\quad\overline{2,3}\quad\overline{1,3}\quad\overline{3,3}\quad\overline{4,1}$

2. Mido 95 pies de largo y peso 150 toneladas.

   $\overline{1,4}\quad\overline{3,5}\quad\overline{1,5}\quad\overline{1,5}\quad\overline{1,2}\quad\overline{4,1}\quad\overline{3,5}\qquad\overline{3,5}\quad\overline{4,2}\quad\overline{2,3}\quad\overline{3,1}$

3. Para comer, pico a los peces con mis tentáculos y así los capturo y me los como.

   $\overline{3,2}\quad\overline{1,2}\quad\overline{2,4}\quad\overline{2,3}\quad\overline{4,5}\quad\overline{3,5}$

4. Mi cuerpo produce piedra caliza.

   $\overline{1,1}\quad\overline{3,3}\quad\overline{1,3}\quad\overline{3,5}\quad\overline{3,1}$

5. Puedo cambiar de color y derramar tinta negra para mi protección.

   $\overline{4,4}\quad\overline{2,3}\quad\overline{3,1}\quad\overline{4,4}\quad\overline{3,3}$

6. Me muevo en una posición vertical.

$\overline{1,1}$ $\overline{3,5}$ $\overline{1,4}$ $\overline{3,5}$ $\overline{1,5}$ $\overline{1,5}$ $\overline{4,3}$ $\overline{2,1}$ $\overline{3,3}$

$\overline{2,4}$ $\overline{1,2}$ $\overline{3,2}$ $\overline{3,5}$ $\overline{1,3}$

7. Cuando se me rompe un brazo, me crece otro brazo en su lugar.

$\overline{1,2}$ $\overline{4,5}$ $\overline{2,1}$ $\overline{1,3}$ $\overline{1,2}$ $\overline{1,5}$ $\overline{1,5}$ $\overline{3,5}$ $\overline{2,4}$ $\overline{1,2}$

$\overline{3,2}$ $\overline{3,5}$ $\overline{1,3}$

8. Vivo en playas con mucha arena, fango y rocas.

$\overline{1,1}$ $\overline{3,5}$ $\overline{4,1}$ $\overline{2,5}$ $\overline{1,3}$ $\overline{1,2}$ $\overline{3,4}$ $\overline{3,3}$

9. Soy un producto que puede ser preparado con algas.

$\overline{2,2}$ $\overline{1,2}$ $\overline{3,1}$ $\overline{3,5}$ $\overline{2,4}$ $\overline{3,3}$

10. Es el hueso del tiburón.

$\overline{1,1}$ $\overline{3,5}$ $\overline{1,3}$ $\overline{2,1}$ $\overline{4,3}$ $\overline{3,1}$ $\overline{3,5}$ $\overline{2,5}$ $\overline{3,3}$

Actividad 7

Vamos a leer. Lee el párrafo y luego contesta las preguntas.

El 97% de toda el agua de la Tierra se encuentra en los océanos. El Océano Pacífico, que es el más grande, el Océano Atlántico, que es el mediano y el Océano Índico, que es el más pequeño. En los océanos hay islas. Las islas se forman de montañas que sobresalen del fondo del océano.

1. ¿Qué porcentaje (%) de toda el agua de la Tierra se encuentra en los océanos?

2. Nombra tres océanos.

3. ¿Cuál es el océano más grande?

4. ¿Cuál es el océano más pequeño?

5. ¿Cómo se llama la formación de montañas que sobresalen del fondo del océano?

Actividad 8

Vamos a describir. Lee el párrafo sobre las características de algunos animales marinos y escribe una frase describiendo a cada uno de los animales que aparecen en los dibujos.

MODELO   Tú:

El pulpo tiene ocho brazos.

Las características

Hay animales marinos que tienen características muy peculiares. Por ejemplo, el pulpo es un animal que tiene un cuerpo muy blando y ocho brazos que se llaman tentáculos. También tiene dos ojos, tres corazones y respira por agallas como los peces. La ballena respira por medio de pulmones y no puede respirar debajo del agua. El caballito de mar se mueve a través del océano en una posición vertical y en vez de escamas tiene un cuerpo de carapacho formado de espinas o huesos pequeñitos. Tiene una cola muy larga la cual usa para enrollarla alrededor de las plantas y algas. Los cangrejos se encuentran en todas partes del mundo. Tienen un cuerpo cubierto por un carapacho. La mayoría de los cangrejos tiene diez patas. Se mueven de lado a lado a través de las rocas y de la arena.

1.

_____
_____
_____
_____

2.

_____
_____
_____
_____

3.

_____
_____
_____
_____

4.

_____
_____
_____
_____

En el mar

(calipso)

Calipso para ti, calipso para mí,
en el mar, en el mar, yo puedo nadar...

En el mar, la vida es agradable.
En el mar, yo puedo nadar.
En el mar, yo busco caracoles.
En el mar, yo puedo pescar.

Calipso para ti, calipso para mí,
en el mar, en el mar, yo puedo nadar...
Calipso para ti, calipso para mí,
en el mar, en el mar, yo puedo pescar...

Ay, en el mar, en el mar,
yo puedo nadar...
en el mar, en el mar,
yo puedo pescar.

Ay, en el mar, en el mar,
yo puedo nadar...
en el mar, en el mar...
yo puedo pescar.

Vocabulario activo

agalla *gill*
aleta *fin*
alga *algae (seaweed)*
ancho *wide*
arena *sand*
ballena azul *blue whale*
caballito de mar *sea horse*
cachalote *sperm whale*
cangrejo *crab*
caracol *snail*
carapacho *shell*
cartílago *cartilage*
cola *tail*
coral *coral*
escama *scale*
espina *spine*
esqueleto *skeleton*
estrella de mar *starfish*
fango *mud*
hueso *bone*
isla *island*
medusa *jellyfish*
Océano Atlántico *Atlantic Ocean*
Océano Índico *Indian Ocean*
Océano Pacífico *Pacific Ocean*
orca *killer whale*
pata *foot (of an animal)*
pez / peces *live fish / fishes*
piedra caliza *limestone*
plano *flat*
pulmón *lung*
pulpo *octopus*
tiburón *shark*
tinta *ink*

5

El medio ambiente

En este capítulo vamos a descubrir:

1. el efecto de la contaminación del aire.
2. el efecto de la contaminación del agua.
3. el efecto de la contaminación de la tierra.

PAPEL   ALUMINIO   PLÁSTICO   VIDRIO

Dibujo 1: ¿Quién recicla?

¡Adelante!

A. Descripciones. Mira los dibujos y describe lo que pasa en cada uno.

El hombre bota la lata.

_____

_____

1.

_____

_____

_____

_____

2.

_____

_____

_____

3.

_____

_____

_____

_____

B. Gráfica de la contaminación. ¿Qué tipo de contaminación se encuentra en el aire? ¿Qué tipo de contaminación se encuentra en la tierra? Después de mirar los dibujos, completa la gráfica que sigue, poniendo cada cosa en la columna que corresponde. Hay cosas que van en las dos columnas. ¿Por qué?

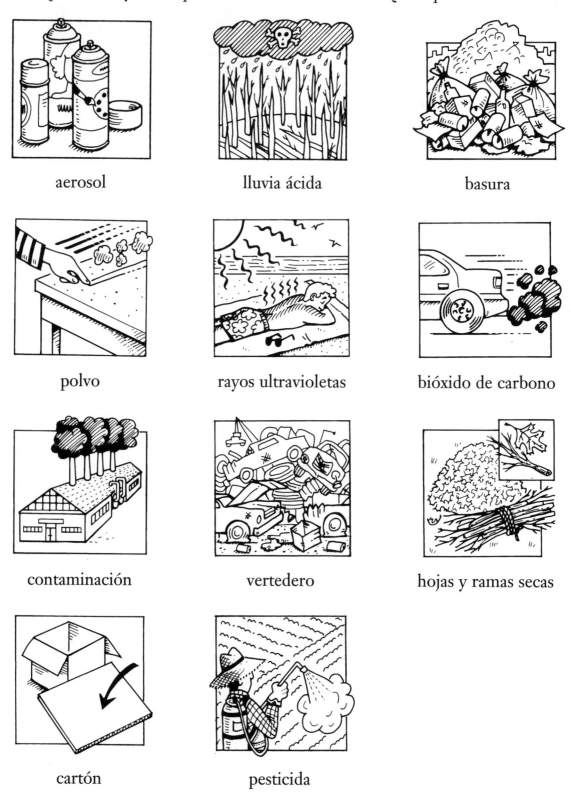

aerosol

lluvia ácida

basura

polvo

rayos ultravioletas

bióxido de carbono

contaminación

vertedero

hojas y ramas secas

cartón

pesticida

Gráfica de la contaminación

Contaminación en el aire	Contaminación en la tierra

C. Soluciones.   Ahora, haz una lista de las soluciones que tú puedes encontrar para evitar la contaminación de la tierra y del aire. Escribe por lo menos tres soluciones.

Soluciones para no contaminar

1. _____

2. _____

3. _____

Actividad I

¿Cierto o falso?   Escucha las frases y luego marca si son ciertas o falsas.

MODELO   **Escuchas:**   El vidrio no se puede reciclar.

Tú: cierto   (falso)

1. cierto   falso

2. cierto   falso

3. cierto   falso

4. cierto   falso

5. cierto   falso

Actividad 2

 ¿Qué será?   Escucha las siguientes frases y haz un círculo alrededor de la letra del dibujo que le corresponda.

MODELO   **Escuchas:**   Cuando no hay contaminación, los animales están alegres.

   Tú:

(a.)

b.

1.

a.

b.

2.

a.

b.

3.

a.

b.

4.

a.

b.

5.

a.

b.

Actividad 3

La contaminación del agua. Nombra y describe oralmente tres cosas que pueden causar la contaminación del agua.

MODELO *El cartón de leche contamina el agua.*

1. _____

2. _____

3. _____

Actividad 4

La contaminación del aire. Nombra oralmente y describe, si puedes, tres cosas que pueden causar la contaminación del aire y pueden afectar el medio ambiente.

MODELO *Las fábricas contaminan el medio ambiente.*

1. _____

2. _____

3. _____

Actividad 5

El busca palabras. ¿Cuántas palabras de las que están en la lista siguiente puedes encontrar?

```
S  P  T  H  B  O  P  E  R  U  B  B  O  N  C
U  O  T  P  I  S  A  F  M  J  A  U  C  A  L
X  I  Y  E  O  Z  P  E  C  E  S  M  I  D  O
R  N  J  T  X  S  E  C  P  S  U  G  T  I  R
V  I  D  R  I  O  L  T  L  T  R  A  S  C  O
E  M  P  O  D  U  Z  O  Y  E  A  S  A  A  F
J  U  S  L  O  U  S  D  N  X  T  E  L  A  L
A  L  U  E  D  S  M  E  V  T  E  S  P  I  O
L  A  S  O  E  A  A  I  H  T  R  M  I  V  R
C  O  N  T  A  M  I  N  A  C  I  O  N  U  O
I  P  A  R  Z  C  H  V  I  N  A  C  R  L  C
C  A  L  O  U  N  A  E  R  O  S  O  L  L  A
E  N  L  K  F  M  C  R  E  T  O  T  R  A  R
R  M  E  J  R  O  Z  N  H  R  B  I  K  T  B
X  V  T  C  E  T  L  A  T  A  S  E  C  L  O
B  I  O  X  I  D  O  D  E  C  A  R  B  O  N
A  M  B  I  E  N  T  E  Q  D  U  R  R  I  O
Y  T  S  P  A  J  A  R  O  S  R  A  S  J  S
U  V  L  O  N  O  Z  O  E  D  A  P  A  C  T
```

La lista

aerosol	bióxido de	clorofloro	gases	petróleo
aire	carbón	carbono	latas	plástico
aluminio	botella	contaminación	lluvia ácida	sol
ambiente	capa de	efecto de	pájaros	tierra
basura	ozono	invernadero	papel	vidrio
	cartón	energía	peces	

Actividad 6

¿Qué sabes del medio ambiente?   Llena el espacio en blanco con una de las palabras del "busca palabras" de la *Actividad 5*.

1. El _____ calienta la Tierra.

2. La Tierra está rodeada de una capa invisible que se llama

   _____.

3. El _____ _____ es un químico

   que puede destruir la capa de ozono que rodea la Tierra.

4. Se pueden reciclar las latas de _____, también las

   botellas de _____ y de _____.

5. El agua contaminada que cae a la Tierra en forma de lluvia o de nieve

   se llama _____ _____.

Actividad 7

Reciclemos.   Trae de tu casa cinco cosas que se puedan reciclar y dos cosas que no se puedan reciclar en tu comunidad. Escribe sus nombres en el lugar que les corresponda de acuerdo con las gráficas.

Se puede reciclar			
Papel	Aluminio	Vidrio	Plástico

No se puede reciclar			
Papel	Aluminio	Vidrio	Plástico

Actividad 8

¡Tú puedes ayudar!   Tú puedes ayudar para que los elementos del dibujo no lleguen al vertedero. ¿Cómo puedes ayudar? Nombra cinco cosas que puedes hacer en la escuela y cinco cosas que puedes hacer en tu casa para promover y ayudar al reciclaje.

TIEMPO PROMEDIO DE DESCOMPOSICIÓN DE DESPERDICIOS RECICLABLES

LATA DE ALUMINIO — 80 — 100 AÑOS

BOTELLA PLÁSTICA (REFRESCO) — 50 — 80 AÑOS

BOLSA PLÁSTICA — 20 AÑOS

ENVASE DE CARTÓN (LECHE) — 5 AÑOS

En la escuela

1. _____
2. _____
3. _____
4. _____
5. _____

En tu casa

1. _____
2. _____
3. _____
4. _____
5. _____

La contaminación

La contaminación
tenemos que parar
o nos encontraremos
ahogándonos sin mar.

La capa de ozono
va a desaparecer
y los rayos del Sol
nos van a sorprender.

Reciclémoslo todo
el vidrio y el papel,
el plástico, aluminio,
está en nuestro poder.

La contaminación
tenemos que parar
o nos encontraremos
ahogándonos sin mar.

Reciclémoslo todo
el vidrio y el papel,
el plástico, aluminio,
Lo tenemos que hacer.

Vocabulario activo

aerosol   *aerosol*
basura   *garbage*
bióxido de carbono   *carbon dioxide*
calentamiento de la Tierra   *global warming*
capa de ozono   *ozone layer*
cartón   *cardboard*
clorofloro carbono   *chlorofluorocarbon*
contaminar   *to pollute*
desarrollar   *to evolve, develop*
destruir   *to destroy*
efecto de invernadero   *greenhouse effect*
energía   *energy*
industria   *industry*
insoportable   *unbearable (unsustainable)*
lata   *can*
lluvia ácida   *acid rain*
medio ambiente   *environment*
pesticida   *pesticide*
petróleo   *petroleum*
reciclar   *to recycle*
vertedero   *dump*
vidrio   *glass*

Los animales

En este capítulo vamos a aprender:

1. los animales que son vertebrados e invertebrados.
2. cómo se mueven los animales.
3. qué comen los animales.
4. cómo describir y clasificar algunos animales.

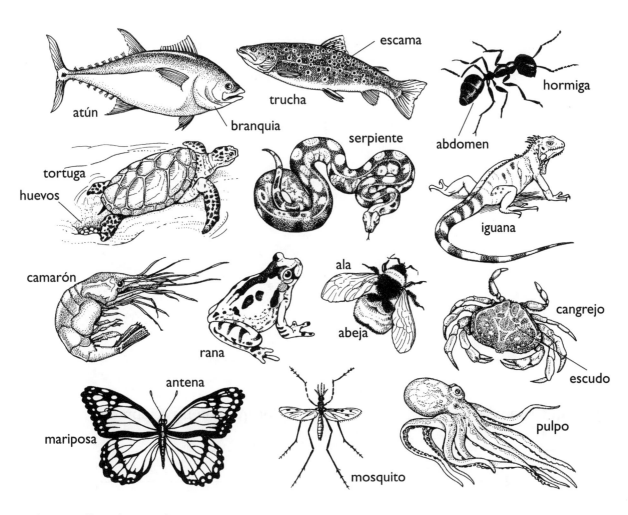

Dibujo: Collage de animales

¡Adelante!

A. **¿Vertebrados o invertebrados?** Mira el dibujo de los animales otra vez. ¿Cuáles son los animales vertebrados? ¿Cuáles son los invertebrados? Haz una lista de cada grupo.

Vertebrados	Invertebrados

¿Por qué son vertebrados?

1. _____

2. _____

¿Por qué son invertebrados?

1. _____

2. _____

B. Los cinco grupos de vertebrados. Escribe el nombre o dibuja un animal de cada uno de los cinco grupos de los vertebrados.

Vertebrados

Mamíferos: _____

Aves: _____

Anfibios: _____

Reptiles: _____

Peces: _____

C. ¿Ovíparo o vivíparo? Haz una lista de los animales que pertenecen a estos dos grupos. ¿Puedes escribir tres animales para cada grupo?

Ovíparos
(nacen de huevos)

1. _____

2. _____

3. _____

Vivíparos
(nacen de la madre)

1. _____

2. _____

3. _____

D. ¿Qué comen los animales? Escribe por lo menos dos animales en cada grupo. Luego encuentra a un(a) compañero(a) para compartir tu información. Hagan una gráfica de sus dos listas.

Granívoros
(que comen granos)

1. _____

2. _____

3. _____

4. _____

Herbívoros
(que comen pastos)

1. _____

2. _____

3. _____

4. _____

Carnívoros
(que comen carne)

1. _____

2. _____

3. _____

4. _____

Piscívoros
(que comen peces)

1. _____

2. _____

3. _____

4. _____

Chupadores
(que recolectan polen)

1. _____

2. _____

3. _____

4. _____

Gráfica de los animales				
Granívoros	Herbívoros	Carnívoros	Piscívoros	Chupadores

Actividad I

¿Cierto o falso?   Escucha las frases y luego marca si son ciertas o falsas.

MODELO   **Escuchas:**   El hombre es un ejemplo de vertebrado.

Tú: (cierto)   falso

1. cierto   falso

2. cierto   falso

3. cierto   falso

4. cierto   falso

5. cierto   falso

Actividad 2

¿**Quién es?**   Vas a escuchar cinco frases. ¿Qué animal se describe en cada una?

MODELO   **Escuchas:**   La vaca da leche.

Tú:

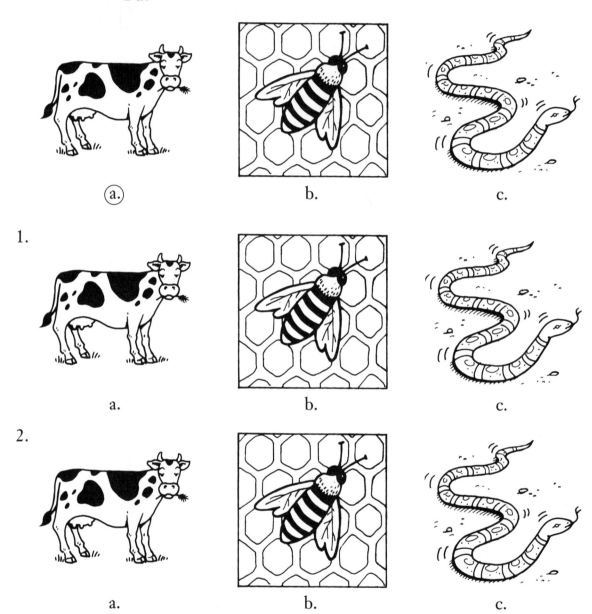

a.   b.   c.

1.

a.   b.   c.

2.

a.   b.   c.

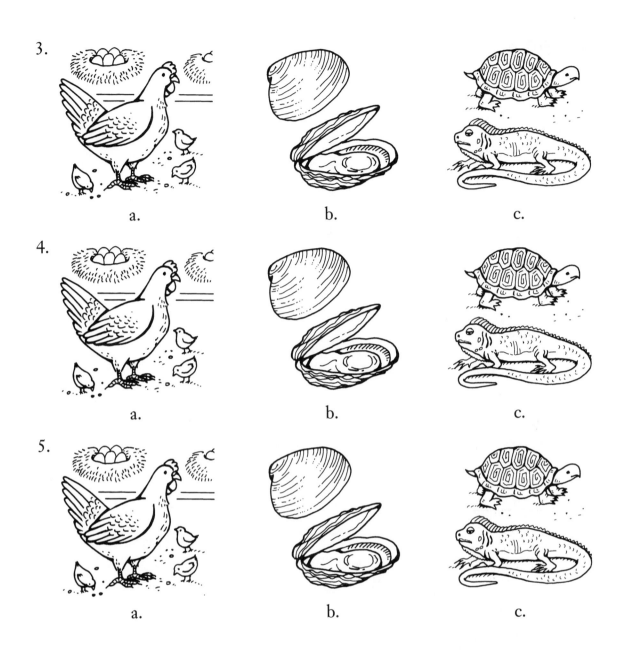

3.   a.   b.   c.

4.   a.   b.   c.

5.   a.   b.   c.

Actividad 3

¿Quién soy yo? Escoge un animal de la lista y dile a un compañero(a) tres características de ese animal. Tu compañero(a) tiene que adivinar qué animal es.

MODELO **Tú:** *Vuela, toma polen de las flores y tiene dos antenas.*

Compañero(a): *La mariposa.*

mosca	serpiente	rana	perro	atún
iguana	ave	araña	hormiga	tortuga

Actividad 4

Descripciones. Describe los siguientes animales. Di dos cosas de cada animal.

MODELO   **Tú:**

La hormiga tiene seis patas.

Es un insecto.

1.

2.

3.

4.

5.

Actividad 5

✐ **¿Quién nos visita?** Hay un animal que te visita. Descríbelo.

Nombre del animal: _____

Tipo de animal (vertebrado, invertebrado, etcétera): _____

Tamaño: _____

Color: _____

¿Cómo se mueve? _____

¿Cuántas patas, alas, etc. tiene? _____

¿Dónde vive? _____

¿Qué come? _____

¿Qué más sabes de este animal? _____

_____

Actividad 6

Mi animal personal. Dibuja un animal imaginario. Luego escribe una historia de cinco frases acerca de tu animal. Léele a un(a) compañero(a) tu historia.

Ideas para empezar: ¿Cómo se llama? ¿Vuela, se arrastra o nada? ¿Tiene un esqueleto? ¿Tiene cola? ¿Es grande, pequeño o mediano?

Un animal imaginario

1. _____
2. _____
3. _____
4. _____
5. _____

La familia animal

(Coro)

La mosca,

el pez,

la hormiga,

la rana,

la culebra,

el atún,

la abeja,

la araña.

(Repite el coro)

La mosca con alas,

el pez con agallas,

la hormiga con patas,

la rana salta...

La culebra se arrastra,

el atún nada,

la abeja vuela,

camina la araña...

(Repite el coro)

Vocabulario activo

anfibio   *amphibian*
araña   *spider*
atún   *tuna*
ave   *bird*
branquia   *gill*
carnívoro   *meat-eating (carnivorous)*
chupador   *nectar collector*

concha *shell*
escama *scale*
escudo *shell (of fish)*
esqueleto *skeleton*
granívoro *grain-eating (granivorous)*
herbívoro *grass-eating (herbivorous)*
hombre *man*
hormiga *ant*
huevo *egg*
iguana *iguana*
insecto *insect*
invertebrado *invertebrate*
mamífero *mammal*
molusco *shellfish*
mosca *fly*
ovíparo *oviparous*
pez (peces) *live fish*
piel *skin*
piscívoro *fish-eating (piscivorous)*
placa ósea *outer shell*
pulmón *lung*
rana *frog*
reptil *reptile*
sangre fría *cold blooded*
selva *jungle*
serpiente *snake*
tortuga *turtle*
vertebrado *vertebrate*
vivíparo *viviparous*

7

Animales en peligro de extinción

En este capítulo vamos a viajar alrededor del mundo y a aprender acerca de:

1. unos animales en peligro de extinción.
2. por qué están en peligro de extinción.
3. dónde y cómo viven.

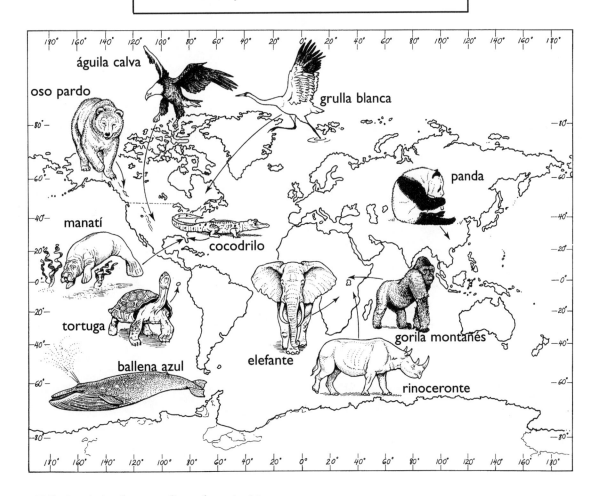

Dibujo: Animales en peligro de extinción

A. **¿Dónde viven los animales?** Escribe en la siguiente gráfica los nombres de los animales en el dibujo de la página anterior que viven en cada continente.

Gráfica de los animales por continente
Asia
Norteamérica
Suramérica
Europa
África
Australia
Antártida

B. Un repaso. Haz un repaso del capítulo 6 sobre los animales y clasifica los animales en peligro de extinción según las categorías de la gráfica siguiente.

Vertebrados				
Mamíferos	Aves	Anfibios	Reptiles	Peces

C. ¿Por qué están en peligro? Haz una gráfica de tres animales en peligro de extinción. Escribe dos razones por las que están en peligro de extinción. ¿Hay razones similares entre los tres animales? Compara tus razones con las de un(a) compañero(a) de clase. Luego ayuda a tu maestro(a) a hacer una gráfica con las razones que dio toda la clase.

Animales en peligro de extinción

Animal 1: _____

Razón 1. _____

Razón 2. _____

Animal 2: _____

Razón 1. _____

Razón 2. _____

Animal 3: _____

Razón 1. _____

Razón 2. _____

Actividad I

 ¿Quién es? Vas a escuchar cinco frases. ¿A qué animal se refiere cada una? Pon el número de cada frase debajo del dibujo correcto.

MODELO **Escuchas:** **1.** Este pájaro está en peligro de extinción porque están desapareciendo los árboles grandes en donde puede construir sus nidos.

Tú: a.

_____

b.

_1_

c.

_____

d.

_____

e.

_____

f.

_____

Actividad 2

¿**Cierto o falso?** Escucha las frases y luego marca si son ciertas o falsas.

MODELO **Escuchas:** La ballena azul pesa más que treinta elefantes.

Tú: (cierto) falso

1. cierto   falso

2. cierto   falso

3. cierto   falso

4. cierto   falso

5. cierto   falso

Actividad 3

Adivina quién es. Di tres cosas que describan a un animal. Un(a) compañero(a) tiene que adivinar de qué animal estás hablando.

MODELO Tú: a. *Mamífero muy grande.*
b. *Pesa alrededor de 200 toneladas.*
c. *La gente la caza porque quieren su carne y su grasa.*

Compañero(a): *La ballena azul.*

Actividad 4

¿**Qué te parecen estos animales?** Dile a un(a) compañero(a) de clase dos cosas sobre los animales.

MODELO Tú:

La tortuga es un reptil.

Vive en el océano desde hace muchos,

     muchos años.

1.

_____

_____

_____

_____

2.

_____

_____

_____

_____

3.

_____

_____

_____

_____

Actividad 5

Crucigrama. Usa diez palabras de tu *Vocabulario activo* para completar el crucigrama.

						C								
						O								
	R	I	N	O	C	E	R	O	N	T	E			
						O								
						D								
						R								
						I								
						L								
						O								

Actividad 6

Vamos a leer. Lee el párrafo y completa las frases.

MODELO Las águilas silvestres pueden *vivir de veinte a treinta años.*

El águila calva

El águila calva está en peligro de extinción por varias razones. Primero porque están desapareciendo los árboles altos y grandes donde puede construir sus nidos grandes. Los nidos miden entre 8 y 9 pies de ancho y el águila regresa al mismo nido cada primavera. Las águilas también han sido contaminadas por los pesticidas que los granjeros usaban antes para matar las malas hierbas y los insectos. Los peces son el alimento más importante para las águilas. El águila tiene alas que miden de 12 a 14 pies y puede vivir de veinte a treinta años en estado silvestre.

1. El águila calva está en peligro de extinción por varias razones. Una es

_____ y otra es _____ .

2. Los nidos miden _____ .

3. Las águilas comen _____.

4. Los peces contaminados afectan _____.

5. Las alas de las águilas miden _____.

Actividad 7

¿Sabías que...? Lee el párrafo y contesta las preguntas.

MODELO ¿Por cuánto tiempo ha existido el manatí?

El manatí ha existido por sesenta millones de años.

Unos animales en peligro

La ballena azul es un mamífero que pesa 200 toneladas; pesa más que 30 elefantes. La gente quiere su grasa y su carne. El elefante es el animal más grande de la tierra. Los hombres lo cazan porque quieren sus colmillos de marfil. Sus bebés pesan más que una persona adulta. Tiene una trompa muy sensitiva. El manatí ha existido por sesenta millones de años. Sube a la superficie del agua para respirar y comer las plantas que están allí. El cocodrilo tiene alrededor de cien dientes afilados. Si se le cae un diente, otro le crece rápidamente. Es un animal muy feroz que puede correr tan rápido como un caballo de carreras. Las mamás cocodrilos pueden ser muy cuidadosas. Ellas hacen sus nidos, ponen sus huevos y los vigilan hasta que las crías rompen el cascarón. Entonces, la mamá abre su boca para que sus bebés se metan en ella y los lleva al agua. El cocodrilo nunca deja de crecer, crece cada año de su vida. El bambú es el alimento favorito del oso panda pero los bosques de la China se están muriendo o están siendo cortados por el hombre. Aunque se le llama oso, no es un oso. El panda es de la familia de los mapaches y tiene una piel gruesa y áspera. Un panda adulto puede pesar 165 libras o más.

1. ¿Por qué cazan a la ballena azul?

   _____

   _____

2. ¿Qué quieren los hombres de los elefantes?

   _____

   _____

3. ¿A cuánta velocidad puede correr un cocodrilo?

_____

_____

4. ¿Cuántos dientes tienen los cocodrilos?

_____

_____

5. ¿Cuál es la comida favorita del panda?

_____

_____

Actividad 8

¡Un autor famoso!   Escribe un artículo sobre tu animal favorito de los
que están en peligro de extinción. Incluye cinco frases en tu artículo.

_____

_____

_____

_____

_____

_____

_____

_____

_____

_____

_____

A salvarlos ya

(plena)

En el mundo hay animales
que están desapareciendo,
el oso panda, la pantera,
la extinción en nuestra tierra.

Vamos a salvarlos con amor,
vamos a salvarlos de verdad,
vamos a salvarlos de corazón,
vamos a salvarlos sí señor.

Vamos a salvarlos con amor,
vamos a salvarlos de verdad,
vamos a salvarlos con amor,
vamos a salvarlos, ¡YA!

Vocabulario activo

águila calva   *bald eagle*
alimento   *food*
ballena azul   *blue whale*
caballo de carreras   *racehorse*
cocodrilo   *crocodile*
colmillo de marfil   *ivory tusk*
cuerno   *horn*
elefante   *elephant*
extinción   *extinction*
feroz   *ferocious*
gorila   *gorilla*
grulla   *crane*
manatí   *manatee*
nido   *nest*
oso panda   *panda*
oso pardo   *brown bear*
pantera   *panther*
peligro   *danger*
primavera   *spring*
puma   *puma*
regresar   *to return*
rinoceronte   *rhinoceros*
silvestre (libre)   *wild*
tortuga   *turtle, tortoise*

8

La energía

En este capítulo vamos a investigar:

1. qué es la energía.
2. las cosas que causan la energía.
3. cómo la energía nos ayuda.
4. cómo podemos usar la energía.

Dibujo 1: En la playa

¡Adelante!

A. ¿Qué va con qué?   Escribe al lado de cada dibujo el tipo de energía que corresponde: energía mecánica, energía eléctrica, energía calorífica, energía química, energía sonora, energía solar.

MODELO

carro

energía química.

1.

leña

2.

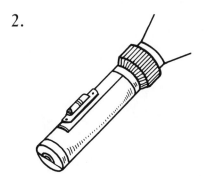

linterna

3.

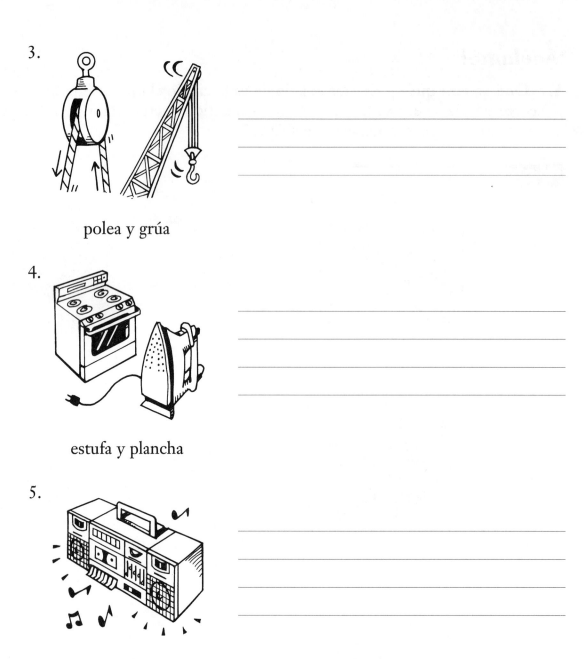

polea y grúa

4.

estufa y plancha

5.

música

B. ¿Qué tipo de energía es?   Después de los dibujos hay una gráfica. Mira los dibujos y clasifícalos en la gráfica. Escribe el número del dibujo en la columna correcta. ¿Puedes clasificar los dibujos en más de una energía? ¿En qué energía puedes clasificar más dibujos? ¿En qué energía puedes clasificar menos dibujos?

Las energías

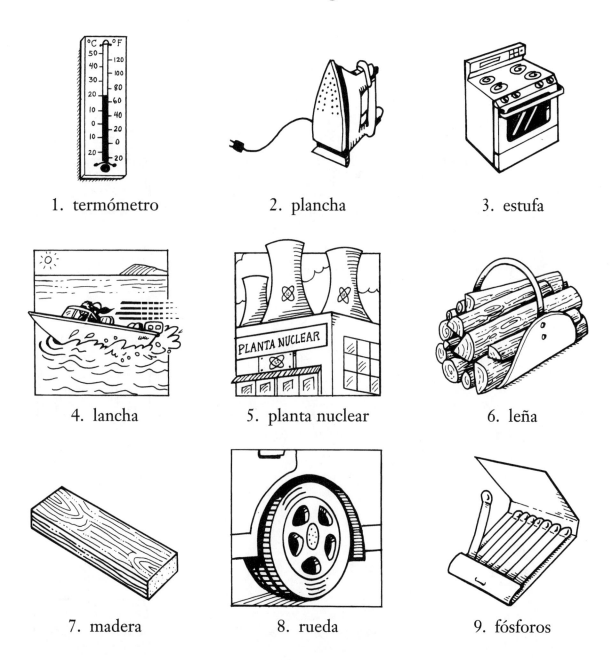

1. termómetro

2. plancha

3. estufa

4. lancha

5. planta nuclear

6. leña

7. madera

8. rueda

9. fósforos

10. coche

11. avión

12. lámpara

13. televisión

14. radio

15. fuego

16. bombilla

17. grúa

18. gasolina

19. polea

20. cuña

21. barco de vela

Tipos de energía			
Nuclear	De luz	De electricidad	De viento
Mecánica	Química	De sonido	De calor

Actividad 1

Vamos a escuchar.   Escucha las frases y marca el dibujo que le corresponde a cada una.

MODELO   **Escuchas:** Toda la energía de este mundo viene del Sol.

Tú:

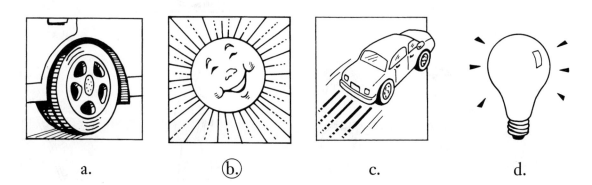

a.   ⓑ.   c.   d.

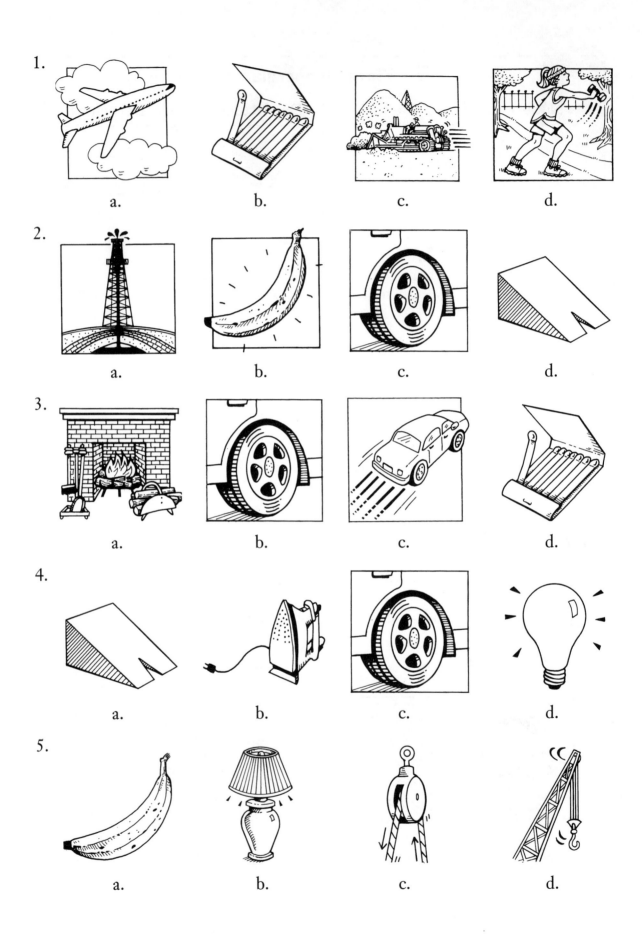

1.
a.
b.
c.
d.

2.
a.
b.
c.
d.

3.
a.
b.
c.
d.

4.
a.
b.
c.
d.

5.
a.
b.
c.
d.

Actividad 2

¿**Cierto o falso?** Escucha las frases y luego marca si son ciertas o falsas.

MODELO **Escuchas:** Toda la energía de este mundo viene del Sol.

Tú: (cierto) falso

1. cierto falso

2. cierto falso

3. cierto falso

4. cierto falso

5. cierto falso

Actividad 3

¿**Qué ves?** Mira el dibujo 2. ¿Cuáles son tres cosas que usan o producen energía? Di tus respuestas oralmente a tu compañero(a).

MODELO *El hombre corre y usa energía.*
En la fábrica hacen cosas y usan energía.
El Sol produce energía.

Dibujo 2: En la playa

Actividad 4

¿De dónde viene? Prepara una frase con las palabras que siguen y que tu compañero(a) te diga de dónde viene la energía.

MODELO fruta

         Tú: *El niño come una fruta.*

  Compañero(a): *Energía del Sol (o energía solar).*

1. coche

2. bombilla

3. polea

4. fuego

5. planta nuclear

Actividad 5

¿Qué sabes de la energía? Contesta las preguntas.

1. ¿Puedes nombrar tres cosas de tu casa que usan electricidad?

    _____

2. ¿De dónde viene la electricidad que usamos en nuestras casas?

    _____

3. ¿Cómo usa la energía nuestro cuerpo?

    _____

4. ¿De dónde viene la energía que usa nuestro cuerpo?

    _____

5. ¿De dónde viene la energía de nuestros alimentos?

    _____

Actividad 6

🖋 **Leamos de nuevo.** Lee el párrafo y escribe cuatro cambios de energía.

MODELO *La energía de calor puede cambiar a energía eléctrica en una planta eléctrica.*

Hay diferentes clases de energía. La energía de calor, la energía de luz, la energía eléctrica y la energía nuclear son algunos ejemplos. ¿Podemos hacer energía? No, no podemos hacer energía, pero sí podemos cambiar la energía. La energía de calor se puede cambiar a energía eléctrica en una planta eléctrica. Podemos cambiar en nuestro cuerpo la energía química de nuestros alimentos a energía de calor y de movimiento. El fuego puede cambiar de energía química a energía de calor y de luz. Una radio puede cambiar de energía eléctrica a energía de sonido. Una pila de linterna puede cambiar de energía química a energía eléctrica.

1. _____

2. _____

3. _____

4. _____

Actividad 7

🖋 **La energía.** Lee el párrafo y contesta las preguntas llenando los espacios en blanco.

La energía solar

Toda la energía de este mundo viene del Sol. La energía del Sol hace que las plantas crezcan. El bióxido de carbono es un gas que se encuentra en el aire, en el agua y en los minerales de la tierra. Las plantas usan la energía solar para transformar el gas bióxido de carbono en alimento. Este proceso se llama fotosíntesis. Recibimos energía solar cuando comemos una manzana, una zanahoria o una lechuga. También recibimos energía que viene del Sol cuando comemos carnes o tomamos leche. Los animales como el cerdo, la vaca o el pollo, se alimentan de plantas que obtienen la energía del Sol.

1. ¿De dónde viene la energía de este mundo?

   La energía de este mundo viene _____.

2. ¿Qué es la fotosíntesis?

   La fotosíntesis es el proceso _____.

3. ¿Cuándo recibimos energía?

Recibimos energía cuando_____.

4. ¿Por qué los animales nos dan energía cuando los comemos? Los animales son

fuentes de energía porque _____.

5. ¿De dónde sacan las plantas su energía? Las plantas sacan su energía

_____.

Actividad 8

Vamos a investigar. ¿Cómo puedes recibir la máxima cantidad de energía del Sol? Escribe lo que descubras en el experimento y luego compártelo con tus compañeros.

Materiales:

tres tarros idénticos   cinta de pegar

papel y lápiz   tres termómetros

papel negro   arena

papel de aluminio

Procedimiento:

1. Llena los tres tarros con arena.
2. Cubre completamente uno de los tarros con papel negro y usa la cinta de pegar para mantener el papel en su sitio.
3. Cubre completamente el segundo tarro con papel de aluminio y usa la cinta de pegar para mantener el papel en su sitio.
4. Deja el tercer tarro descubierto.
5. Anota la temperatura de los termómetros. Asegúrate de que los tres termómetros tengan la misma temperatura.
6. Inserta un termómetro en cada uno de los tarros. En los tarros que están cubiertos con papel, debes hacer un agujero en el papel e insertar el termómetro por el agujero.

7. Pon los tres tarros al sol. Todos deben recibir la misma cantidad de luz solar.

8. Mira y anota la temperatura de los tres termómetros cada 15 minutos durante un período de dos horas.

9. ¿Cómo se comparan las temperaturas? En relación con la absorción de la energía que viene del Sol, ¿qué puedes decir de los efectos de...?

   a. una superficie negra.

   b. una superficie brillante.

10. Quita los tarros de la luz solar y continúa anotando la temperatura de los tres termómetros durante dos horas más.

11. ¿Cómo se comparan los cambios de temperatura? ¿Qué puedes decir o escribir acerca de los efectos de una superficie negra y de una superficie brillante en la pérdida de calor?

_____

_____

_____

_____

_____

_____

_____

_____

_____

_____

_____

_____

_____

_____

El rap de la energía

(rap)

La energía, la energía,
la energía en nuestra vida,
la tenemos en los coches,
en el fuego, en la bombilla,
en las frutas, en el Sol,
en el agua y el carbón.

La energía, la energía,
la energía en nuestra vida.

Vocabulario activo

absorción   *absorption*
agujero   *hole*
alimento   *food*
arena   *sand*
bióxido de carbono   *carbon dioxide*
bombilla   *light bulb*
carbón   *coal*
cinta de pegar   *adhesive tape*
combustible fósil   *fossil fuel*
cubrir   *to cover*
ejercicio   *exercise*
energía atómica   *atomic energy*
energía calorífica   *heat energy*
energía de luz   *solar energy*
energía de movimiento   *kinetic energy*

energía de sonido   *sound energy*
energía hidroeléctrica   *hydroelectric energy*
energía mecánica   *mechanical energy*
energía nuclear   *nuclear energy*
energía química   *chemical energy*
estufa   *oven*
fotosíntesis   *photosynthesis*
grúa   *crane*
leña   *firewood*
linterna   *flashlight*
llenar   *to fill*
madera   *wood*
metal   *metal*
palanca   *lever*
petróleo   *gasoline*
pila de linterna   *battery*
plancha   *iron*
polea   *pulley*
termómetro   *thermometer*

9

La salud

En este capítulo vamos a descubrir:

1. los cuatro grupos de alimentos básicos.
2. en qué comidas podemos encontrar las proteínas, los carbohidratos, las grasas y los minerales.
3. cómo se puede vivir una vida saludable.

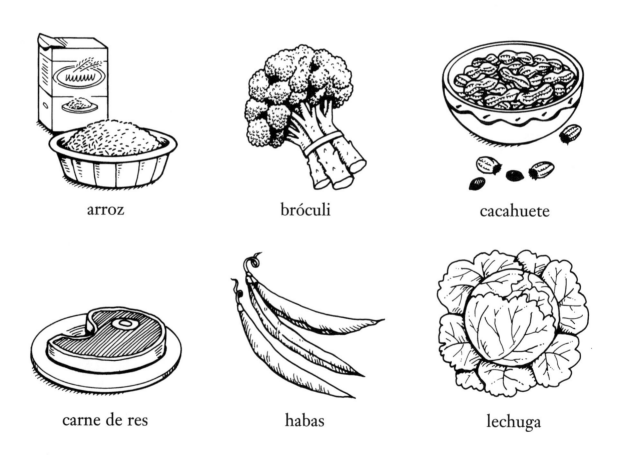

arroz

bróculi

cacahuete

carne de res

habas

lechuga

mantequilla

melocotón

miel

pan

papas fritas

pescado

queso

refrescos

sandía

¡Adelante!

A. Los alimentos básicos.   Mira los dibujos de la comida en esta página y en la página anterior. Luego escribe cada comida en el grupo de la gráfica que le corresponda. Escribe también otras comidas que conozcas. Compara tu gráfica con la de un(a) compañero(a).

LOS CUATRO GRUPOS DE ALIMENTOS BÁSICOS				Otras comidas
I Leche	II Frutas y vegetales	III Carne	IV Pan/Cereales	

B. ¿Qué nos proveen? Ahora mira nuevamente los dibujos y clasifica la comida según nos provea proteínas, carbohidratos, grasas o minerales.

COMIDAS QUE NOS PROVEEN...			
Proteínas	Carbohidratos	Grasas	Minerales

C. ¿Qué come tu familia?   Hazles una encuesta a algunos miembros de tu familia. Pregúntales a todos qué comieron ayer. Luego completa la gráfica escribiendo lo que comió cada uno. Usa un color de bolígrafo o lápiz diferente para cada miembro de tu familia. ¿Comieron comidas balanceadas?

LOS CUATRO GRUPOS DE ALIMENTOS BÁSICOS					
Nombre de la persona:					
I Leche:					
II Fruta:					
III Carne:					
IV Pan / Cereales:					
V Otras comidas:					

D. ¿Come sanamente tu familia?   Con la misma información que recibiste de tu familia, completa esta gráfica. ¿Tu familia recibió las proteínas necesarias? ¿Los carbohidratos? ¿Las grasas? ¿Los minerales? ¿Quién de tu familia come más sanamente?

LA COMIDA DE MI FAMILIA				
Nombre de la persona	Proteínas	Carbohidratos	Grasas	Minerales

E. Comer bien no es suficiente. Como tú sabes, comer bien no es suficiente para vivir una vida sana. Haz una lista de las actividades que se deben hacer para tener una vida saludable. ¿Haces tú estas cosas? ¿Y tu familia? ¿Y tus amigos?

ACTIVIDADES PARA UNA VIDA SALUDABLE

MODELO *cepillarse los dientes*
bañarse con frecuencia

1. _____

2. _____

3. _____

4. _____

Actividad 1

¿Cierto o falso? Escucha las frases y luego marca si son ciertas o falsas.

MODELO Escuchas: La manzana pertenece al grupo de las carnes.

Tú: cierto (falso)

1. cierto   falso

2. cierto   falso

3. cierto   falso

4. cierto   falso

5. cierto   falso

Actividad 2

¿A qué grupo pertenece? Escucha las siguientes frases y clasifica la comida con el número del grupo al que pertenece.

MODELO   **Escuchas:** El helado pertenece al grupo de la leche.
               Tú: *Grupo I*

Grupo I

Grupo II

Grupo III

Grupo IV

Grupo V

1. Grupo ____   3. Grupo ____   5. Grupo ____

2. Grupo ____   4. Grupo ____

Actividad 3

¿Qué tienes para comer? Con un(a) compañero(a), habla sobre lo que traen (o lo que piden en la cafetería) para el almuerzo. ¿Puedes decir a qué grupo de comida pertenece cada alimento?

MODELO   *Tengo un sándwich de jamón. Pertenece a los grupos III y IV.*

Actividad 4

¿Por qué "sí" y por qué "no"?   Mira la gráfica de los minerales. Explícale con tres frases a un(a) compañero(a) qué comidas son ricas en calcio, en fósforo, en hierro y en yodo. También dile que comidas del grupo V no son buenas para tu dieta diaria.

MODELO   *La leche es rica en calcio. La leche está en el grupo I. La leche es buena para los dientes.*

Gráfica de los minerales

Mineral	Función	Comidas
Calcio	Hace fuertes a los dientes y a los huesos. Ayuda al corazón, a los músculos y a los nervios.	Leche, quesos y vegetales verdes.
Fósforo	Hace fuertes a los dientes y a los huesos. Ayuda al funcionamiento de las células.	Huevos, pescado, grano integral, leche, hígado, bróculi y habas.
Hierro	Ayuda a las células rojas a llevar oxígeno a través de la sangre.	Hígado, huevos, carnes, vegetales, guisantes y melaza.
Yodo	Ayuda a las células rojas a llevar oxígeno a través de la sangre.	Mariscos y sales que contienen yodo.

Actividad 5

Un almuerzo balanceado.   Escoge un día para mirar el menú de la cafetería de tu escuela y contesta las preguntas. Luego lee tus respuestas a la clase.

1. ¿Qué comidas hay?

   _____

2. ¿A qué grupos de comida pertenecen?

   _____

3. ¿Es un almuerzo balanceado?

   _____

Actividad 6

¿Qué se necesita para comer sanamente?   Lee el párrafo y contesta las preguntas. Comparte tus respuestas con la clase.

Comidas sanas

Las proteínas son los nutrientes necesarios para el crecimiento y para mantenernos saludables. Los carbohidratos son los nutrientes que nos dan la energía necesaria para nuestras actividades diarias. Las grasas y los aceites nos dan mucho más energía que los carbohidratos. Los minerales también son necesarios para el crecimiento y el funcionamiento de nuestro cuerpo. El cuerpo también necesita agua para continuar funcionando saludablemente.

1. ¿Cómo nos ayudan las proteínas?

   _____

2. ¿Qué nutrientes nos dan energía?

   _____

3. ¿Cuál es la función de los minerales?

   _____

4. ¿Por qué es importante el agua?

   _____

Actividad 7

Las vitaminas importantes. Lee el párrafo y con la ayuda de la gráfica de las vitaminas escribe respuestas para las preguntas.

Las vitaminas

Las vitaminas, como los minerales, son nutrientes que ayudan a nuestro cuerpo a usar otros nutrientes. Las vitaminas se encuentran en casi todas las comidas. Por lo tanto comiendo una variedad de comidas de los cuatro grupos básicos podemos tener la cantidad de nutrientes que nuestro cuerpo necesita para mantenerse saludable.

Gráfica de las vitaminas

Vitamina	Función	Comidas
A	Piel saludable, ojos sanos y huesos fuertes.	Vegetales verdes, frutas amarillas, mantequilla, queso, leche, hígado.
B1	Aumenta el apetito, ayuda con la energía y al sistema nervioso.	Huevos, levadura, guisantes, papas, habas.
B2	Ayuda a la piel y con la energía.	Pescado, huevos, hígado, leche.
B3	Ayuda a la piel, al sistema nervioso y con la energía.	Huevos, pescado, hígado.
B6	Ayuda al cuerpo con el uso de proteínas.	Pescado, hígado, vegetales, guisantes.
B12	Ayuda al crecimiento y con la producción de corpúsculos rojos.	Hígado, leche, huevos, carnes.
C	Ayuda a las encías, protege contra las infecciones y heridas.	Naranja, limón, toronja, tomate, bróculi, pimiento verde, fresa, papa.

(continúa...)

Vitamina	Función	Comidas
D	Hace fuertes a los huesos y a los dientes, provee calcio.	Leche, yema de huevo, hígado, margarina.
E	Ayuda a la sangre a llevar el oxígeno.	Aceite vegetal, trigo.
K	Ayuda con la coagulación de la sangre.	Bróculi, espinaca, lechuga, repollo.

1. ¿Qué vitaminas se encuentran en la leche?

    _____

2. ¿Qué comidas contienen vitamina A?

    _____

3. ¿Qué vitamina ayuda a la protección de infecciones?

    _____

4. ¿Cuál es la función de la vitamina B6?

    _____

5. ¿Cómo usa nuestro cuerpo la vitamina D?

    _____

Actividad 8

 Mi proyecto. Prepara un diagrama con la comida de cada grupo que comes en un día. Léelo a tu grupo o compañero(a) y discute con ellos quién tiene o no una comida balanceada. ¿Por qué es una comida balanceada? Si no lo es, ¿por qué no? ¿Cuántas raciones de cada grupo comes en ese día?

MODELO   *I*

leche   queso   helado   leche

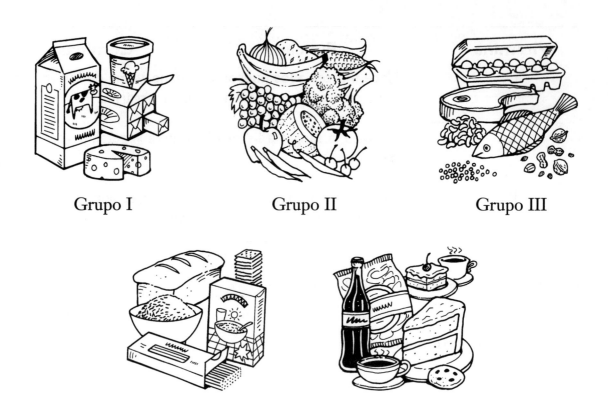

Grupo I   Grupo II   Grupo III

Grupo IV   Grupo V

MI GRÁFICA DE COMIDA				
Grupo	Desayuno	Almuerzo	Merienda	Cena

Las frutas son deliciosas

Las frutas, las frutas, las frutas son deliciosas,
las frutas, las frutas, las frutas son deliciosas.
Ésta es la manzana y éstas son las uvitas,
ésta es la banana y ésta es la piña.

Las frutas, las frutas, las frutas son deliciosas,
las frutas, las frutas, las frutas son deliciosas.
Éste es el limón y ésta es la pera,
ésta es la naranja y éste es el melón.

Las frutas, las frutas, las frutas son deliciosas,
las frutas, las frutas, las frutas son deliciosas.

Vocabulario activo

aceite *oil*
alimento *food*
apetito *appetite*
bañarse *to bathe*
buena salud *good health*
calcio *calcium*
carbohidrato *carbohydrate*
carne *meat*
coagulación *coagulation*
comida *meal, food*
crecimiento *growth*
descansar *to rest*
dieta diaria *daily diet*
dormir *to sleep*
encía *gum (of the mouth)*
estrés *stress*
fósforo *phosphorus*
grasa *fat*
herida *injury*
hierro *iron*
hígado *liver*
hueso *bone*
mineral *mineral*
nervios *nerves*
nutriente *nutrient*
piel *skin*
salud *health*
saludable *healthy*
sangre *blood*
yodo *iodine*

10

El universo

En este capítulo vamos a viajar
por el universo. Exploraremos:

1. lo que hay en el universo.
2. los planetas.
3. la importancia del Sol.

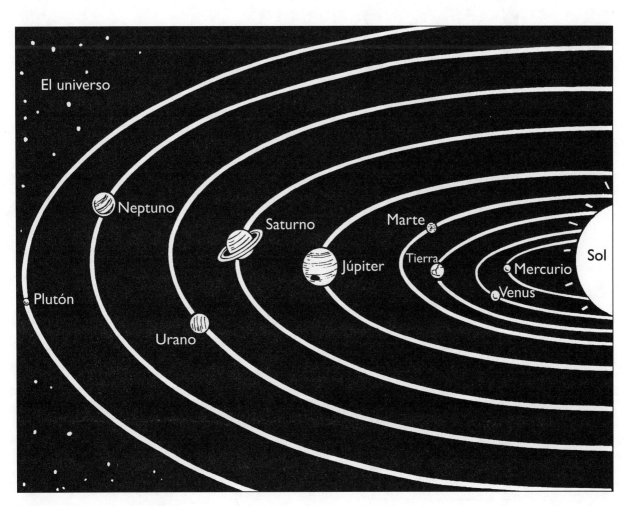

Dibujo: El sistema solar

¡Adelante!

A. ¿Puede ser? Mira los dibujos y escribe si son correctos o no. Si no son correctos, escribe por qué.

MODELO

No es correcto. La tierra no tiene anillos.

1.

2.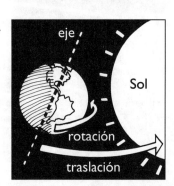

3.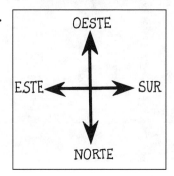

4.

_____

_____

_____

_____

5.

_____

_____

_____

_____

B. **¿Qué planeta es?**   Mira el dibujo del sistema solar. ¿A qué planeta se refiere cada pregunta? Escribe en el espacio en blanco el planeta correcto.

1. ¿Cuál es el más grande? _____

2. ¿Cuál es el más pequeño? _____

3. ¿Cuál es el más cercano al Sol? _____

4. ¿Cuál es nuestro planeta? _____

5. ¿Tiene anillos alrededor? _____

6. ¿Cuál es el más cercano a Plutón? _____

7. ¿Está entre Neptuno y Saturno? _____

8. ¿Está entre Júpiter y la Tierra? _____

9. ¿Qué estrella es el centro de nuestro sistema? _____

C. ¿Qué palabra es? Llena los espacios en blanco con las palabras. Usa cada palabra sólo una vez.

constelación, astro, cuarto menguante, cometa, eclipse, luna llena, luna nueva, sistema solar, refleja, satélite, cuarto creciente.

1. Un cuerpo celeste es un _____.

2. El Halley es un ejemplo de un _____.

3. El Sol es el centro del _____.

4. Un grupo de estrellas es una _____.

5. Un _____ viaja alrededor de la Tierra.

6. La Luna _____ la luz del Sol.

7. No se ve la Luna durante la _____

   _____.

8. Se ve toda la Luna durante la _____

   _____.

9. Se ve la mitad de la Luna durante el _____

   _____ y el _____

   _____.

10. Tenemos un _____ de Sol cuando la Luna se pone entre la Tierra y el Sol.

D. Termina mi frase. Utilizando las mismas palabras escribe cinco frases para que tu compañero(a) las complete.

MODELO   **Tu:** *El Halley es un ejemplo de* _____.

Compañero(a): *un cometa.*

1. _____

2. _____

3. _____

4. _____

5. _____

Actividad 1

🎞 **¿Cierto o falso?**   Escucha las frases y luego marca si son ciertas o falsas.

MODELO   **Escuchas:**   La Estrella Polar está en la Osa Mayor.

        Tú: cierto   (falso)

    1. cierto   falso

    2. cierto   falso

    3. cierto   falso

    4. cierto   falso

    5. cierto   falso

Actividad 2

🎞 **¿Qué será?**   Escucha las frases y pon el número de cada frase debajo del dibujo correcto.

MODELO   **Escuchas:**   **1.** El planeta Tierra tiene una luna.

        Tú:

a.

   b.

   c.

_____   _____   _____

d.

____

e.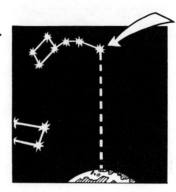

____

f.

_1_

Actividad 3

¿Lo reconoces?   Usando dos frases y en voz alta, describe los dibujos.

MODELO

Es un planeta.
_____

Tiene anillos.
_____

_____

1.

_____

_____

_____

_____

2.

_____

_____

_____

_____

3.

_____

_____

_____

_____

4.

_____

_____

_____

_____

5.

_____

_____

_____

_____

Actividad 4

¿Qué quieres ser? Escoge una de las palabras y prepara tres frases que la describan usando **soy, tengo** o **estoy.** Un(a) compañero(a) tiene que adivinar qué eres. El Sol, la Luna, la Tierra, Saturno, la Osa Mayor, el universo.

MODELO **Tú:** *Estoy en Suramérica y en África.*
Soy muy largo.
Soy una línea.

Compañero(a): *Eres el Ecuador.*

_____

_____

_____

Actividad 5

Vamos a leer. Lee el párrafo y luego contesta las preguntas, llenando los espacios en blanco.

El sistema solar

En nuestro sistema solar hay siete planetas. Hay cuatro planetas más pequeños que la Tierra. Son Marte, Venus, Mercurio y Plutón. El planeta Tierra está dividido en dos hemisferios, el hemisferio norte y el hemisferio sur. En el hemisferio norte se encuentran dos constelaciones que se llaman la Osa Mayor y la Osa Menor. En el hemisferio sur se encuentra una constelación que se llama la Cruz del Sur.

La Tierra tiene un satélite (astro) que se llama Luna. La Luna tiene tres movimientos: movimiento de rotación (sobre su eje), movimiento de traslación (alrededor de la Tierra) y otro movimiento de traslación (alrededor del Sol). Nuestro sistema solar también tiene otros satélites y muchos cometas.

1. ¿Cuántos planetas hay en nuestro sistema solar?

   En nuestro sistema solar hay _____ planetas.

2. ¿Qué planetas son más pequeños que el planeta Tierra?

   Los planetas _____, _____,

   _____ y _____ son más

   pequeños que el planeta Tierra.

3. ¿En qué hemisferio están la Osa Mayor y la Osa Menor?

La Osa Mayor y la Osa Menor están en el hemisferio

_____.

4. ¿Qué constelación está en el hemisferio sur?

La constelación _____ está en el hemisferio sur.

5. ¿Cuántos movimientos tiene la Luna?

La Luna tiene _____ movimientos.

Actividad 6

Calculando... ¡descubre el número mágico!   Usa el diagrama del Sol y los planetas
para descubrir el número mágico.

Diagrama del Sol y los planetas

Planeta	Diámetro en millas	Diámetro en kilómetros	Distancia del Sol en millas	Kilómetros	Traslación (revolución) en días	Rotación en horas, minutos y días.
Mercurio	3.031	4.878	36.000.000	57.900.000	88	59 días
Venus	7.520	12.100	67.230.000	108.200.000	225	243 días
Tierra	7.926	12.756	92.960.000	149.600.000	365	23 hs. 56 min.
Marte	4.200	6.790	141.700.000	228.000.000	687	24 hs. 37 min.
Júpiter	88.700	142.700	483.700.000	778.400.000	4.333	9 hs. 55 min.
Saturno	74.600	120.000	885.200.000	1.424.600.000	10.759	10 hs. 39 min.
Urano	31.570	50.800	1.781.000.000	2.866.900.000	30.685	16 a 28 hs.
Neptuno	30.200	48.600	2.788.000.000	4.486.100.000	60.188	18 a 20 hs.
Plutón	1.900	3.000	3.660.000.000	5.890.000.000	90.700	6 días

1. SUMA los diámetros (en millas) de Marte y de Plutón. _____

2. MULTIPLICA por el número de días de la rotación de Plutón. _____

3. RESTA el diámetro (en kilómetros) de Venus.

   _____

4. DIVIDE entre el número de planetas más pequeños que la Tierra.

   _____

5. SUMA la traslación de Venus. _____
   ¿Cuál es el número mágico? _____.

El universo

(estilo español)

La Luna y las estrellas
nos alumbran por la noche,
sale el Sol en la mañana
nos calienta y nos abraza.

(coro)
Ay, lerén, lerén lerén lerén,
lerén lerén lerén la mañana,
ay, lerén, lerén lerén lerén,
lerén lerén lerén es el alba...
Ay, lerén, lerén lerén lerén
lerén lerén lerén es la noche
ay lerén, lerén lerén lerén,
lerén lerén lerén madrugada...

Plutón, Venus, Marte, Mercurio,
Saturno, Urano y Neptuno,
Júpiter y nuestra Tierra,
del universo son los planetas.

(Repite el coro)

Vocabulario activo

anillo   *ring*
astro   *star*
cometa   *comet*
constelación   *constellation*
Cruz del Sur   *Southern Cross*
cuarto creciente   *first quarter*
cuarto menguante   *last quarter*
diámetro   *diameter*
eclipse   *eclipse*
Ecuador   *equator*
eje   *axis*
Estrella Polar   *North Star*
hemisferio norte   *northern hemisphere*
hemisferio sur   *southern hemisphere*
Júpiter   *Jupiter*
Luna   *moon*
luna llena   *full moon*
luna nueva   *new moon*
luz   *light*
Marte   *Mars*
Mercurio   *Mercury*
movimiento de rotación   *rotation*
movimiento de traslación   *revolution*
Neptuno   *Neptune*
Osa Mayor   *Big Dipper*
Osa Menor   *Little Dipper*
planeta   *planet*
Plutón   *Pluto*
polo norte   *North Pole*
polo sur   *South Pole*
reflejar   *to reflect*
satélite   *satellite*
Saturno   *Saturn*
sistema solar   *solar system*
Tierra   *Earth*
universo   *universe*
Urano   *Uranus*
Venus   *Venus*

Vocabulario adicional

Capítulo 1: Los dinosaurios

camuflaje   *camouflage*
cuerno   *horn*
hueso   *bone*
mascar   *to chew*
medir   *to measure*
mil   *thousand*
milla   *mile*
millón   *million*
pulgada   *inch*

Capítulo 2: Los continentes

a la derecha   *to the right*
a la izquierda   *to the left*
agua dulce   *fresh water*
árbol   *tree*
arriba de   *above*
Ártico   *Arctic*
debajo de   *below*
delante de   *in front of*
detrás de   *behind*
Ecuador   *equator*
encima de   *on top of*
entero   *entire*
entre   *between*
ocupar   *to occupy*
pradera   *plain*
único   *only*

Capítulo 3: La selva tropical

No tiene vocabulario adicional

Capítulo 4: Los océanos

aguantar   *to stand*
alimentación   *food*
almeja   *clam*
arrecife de coral   *coral reef*
atraer   *to attract*
atún   *tuna*
bahía   *bay*
ballena blanca   *white whale*
blando   *soft*

calcio carbonatado   *limestone*
camuflaje   *camouflage*
concha   *shell*
crustáceo   *crustacean*
delfín   *dolphin*
derramar   *to spill*
duro   *hard*
elástico   *elastic*
empujar   *to push*
erizo de mar   *sea urchin*
esponja   *sponge*
filtrar   *to filter*
flotar   *to float*
foca   *seal*
garra   *claw*
golfo   *gulf*
grasa de ballena   *blubber*
impulsarse   *to push, move*
langosta   *lobster*
mamífero   *mammal*
mar   *sea*
medir   *to measure*
molusco   *mollusk*
montaña   *mountain*
ostra   *oyster*
pesar   *to weigh*
pescado   *fish we eat*
pez de colores   *goldfish*
piel   *skin*
plancton   *plankton*
playa   *beach*
protección   *protection*
soplar   *to blow*
superficie   *surface*
tamaño   *size*
tentáculo   *tentacle*

Capítulo 5: El medio ambiente

atrapar   *to trap*
aumento   *increase*
bosque   *forest*
botar   *to throw away*
carbón   *coal*

combustible fósil   *fossil fuel*
corroer   *to corrode*
cosecha   *crop*
derrame de petróleo   *oil spill*
descomposición   *decomposition*
descongelarse   *to melt*
desperdicio de patio   *yard waste*
ecosistema   *ecosystem*
hundirse   *to sink*
oxígeno   *oxygen*
piel   *skin*
planta eléctrica   *power plant*
polvo   *dust*
rayo ultravioleta   *ultraviolet ray*
reducir   *to reduce*
rehusar   *to refuse*
reutilizar   *to reuse*
riesgo   *risk*
vidrio claro   *clear glass*

mosquito   *mosquito*
murciélago   *bat*
pasto   *grass*
pata   *foot (of an animal)*
pico   *beak*
pingüino   *penguin*
pluma   *feather*
polen   *pollen*
pulpo   *octopus*
respirar   *to breathe*
saltamontes   *grasshopper*
sangre caliente   *warm blooded*
sardina   *sardine*
termes   *termite*
tierra   *land*
tórax   *thorax*
trucha   *trout*
vértebra   *vertebra*
zorro   *fox*

Capítulo 6: Los animales

abdomen   *abdomen*
abeja   *bee*
agua dulce   *fresh water*
agua salada   *salt water*
ala   *wing*
antena   *antenna*
ardilla   *squirrel*
bacalao   *cod*
búho   *owl*
cangrejo   *crab*
carne   *meat*
carne viva   *flesh*
crustáceo   *crustacean*
desierto   *desert*
foca   *seal*
glaciar   *glacier*
hueso   *bone*
lobo   *wolf*
loro   *parrot*
mariposa   *butterfly*
mejillón   *mussel*
metamorfosis   *metamorphosis*
miel   *honey*

Capítulo 7: Animales en peligro de extinción

acercarse   *to approach*
ala   *wing*
alimento   *food*
atropellar   *to trample down*
cazador   *hunter*
cazar   *to hunt*
crecer   *to grow*
doler   *to hurt*
fusil   *gun*
león   *lion*
obstáculo   *obstacle*
pantano   *marsh*
perder   *to lose*
pisar   *to step on*
primate   *primate*
proteger   *to protect*
reserva   *reserve*
subir   *to go up*
suelo   *floor*
trepar   *to climb*
trompa   *trunk*

Capítulo 8: La energía

aceite *oil*
ácido sulfúrico *sulphuric acid*
aguja *needle*
alfiler *pin*
azufre *sulphur*
clavo *nail*
cosecha *crop*
crecer *to grow*
cuchillo *knife*
cuña *wedge*
descanso *rest*
desecho radioactivo *radioactive waste*
efecto de invernadero *greenhouse effect*
empujar *to push*
empujatierra (excavadora) *earthmover (bulldozer)*
energía potencial gravitatoria *gravity*
estar cansado *to be tired*
fisión *fission*
grúa *crane*
halar *to pull*
herramienta *tool*
inundación *flood*
levantar *to lift*
plano inclinado *inclined plane*
potencia *potency*
punto de apoyo *fulcrum, base*
resistencia *resistence*
rueda *wheel*
sequía *drought*
sierra *saw*
trabajo *work*

Capítulo 9: La salud

arroz *rice*
bróculi *broccoli*
cacahuete *peanut*
carne de ave *poultry*
carne de cerdo *pork*
carne de res *beef*

ciruela *plum*
espinaca *spinach*
fideo *noodle*
frijol *bean*
galleta *cracker*
galleta dulce *cookie*
garbanzo *garbanzo bean (chick-pea)*
guisante *pea*
haba (judía) *string bean*
huevo *egg*
lechuga *lettuce*
legumbre *vegetable*
lenteja *lentil*
maíz *corn*
manteca *grease, fat*
mantequilla *butter*
marisco *seafood*
melocotón *peach*
miel *honey*
nuez *nut*
pan *bread*
papas fritas *french fries*
pescado *fish*
queso *cheese*
refresco *soft drink*
repollo *cabbage*
sandía *watermelon*
tocino *bacon*
torta *cake*
zanahoria *carrot*

Capítulo 10: El universo

cuerpo celeste *heavenly body*
diagrama *diagram*
invierno *winter*
otoño *fall (autumn)*
primavera *spring*
verano *summer*

A

a la derecha   *to the right*
a la izquierda   *to the left*
abdomen   *abdomen*
abeja   *bee*
abeto   *fir tree*
absorción   *absorption*
aceite   *oil*
acercarse   *to approach*
ácido sulfúrico   *sulphuric acid*
aerosol   *aerosol*
África   *Africa*
agalla   *gill*
agua dulce   *fresh water*
agua salada   *salt water*
aguantar   *to stand*
águila calva   *bald eagle*
aguja   *needle*
agujero   *hole*
ala   *wing*
aleta   *fin*
alfiler   *pin*
alga   *algae*
alimentación   *food*
alimento   *food*
almeja   *clam*
ancho   *wide*
anfibio   *amphibian*
anillo   *ring*
antena   *antenna*
apetito   *appetite*
araña   *spider*
árbol   *tree*
ardilla   *squirrel*
arena   *sand*
árido   *dry*
arrecife de coral   *coral reef*
arriba de   *above*
arroz   *rice*
Ártico   *Arctic*
Asia   *Asia*
astro   *star*

atraer   *to attract*
atrapar   *to trap*
atropellar   *to trample down*
atún   *tuna*
aumento   *increase*
Australia   *Australia*
ave   *bird*
azufre   *sulphur*

B

bacalao   *cod*
bahía   *bay*
ballena azul   *blue whale*
ballena blanca   *white whale*
bañarse   *to bathe*
basura   *garbage*
bióxido de carbono   *carbon dioxide*
blando   *soft*
bombilla   *light bulb*
bosque   *forest*
botar   *to throw away*
branquia   *gill*
braquiosaurio   *Brachiosaurus*
bróculi   *broccoli*
brontosaurio   *Brontosaurus*
buena salud   *good health*
búho   *owl*
buitre   *vulture*

C

caballito de mar   *sea horse*
caballo de carreras   *race horse*
cacahuete   *peanut*
cachalote   *sperm whale*
calcio   *calcium*
calcio carbonatado   *limestone*
calentamiento de la Tierra   *global warming*
camarón   *shrimp*
camuflaje   *camouflage*
canela   *cinnamon*
cangrejo   *crab*
capa de ozono   *ozone layer*

capa emergente   *emergent layer*
capa inferior   *bushy understory*
caracol   *snail*
carapacho   *shell*
carbohidrato   *carbohydrate*
carbón   *coal*
carne   *meat*
carne de ave   *poultry*
carne de cerdo   *pork*
carne de res   *beef*
carne viva   *flesh*
carnívoro   *meat-eating (carnivorous)*
cartílago   *cartilage*
cartón   *cardboard*
cazador   *hunter*
cazar   *to hunt*
chicle   *chewing gum*
chupador   *nectar collector*
cinta de pegar   *adhesive tape*
ciruela   *plum*
clavo   *nail*
clorofloro carbono   *carbon flouride*
coagulación   *coagulation*
cocodrilo   *crocodile*
cola   *tail*
colmillo de marfil   *ivory tusk*
combustible fósil   *fossil fuel*
cometa   *comet*
comida   *meal, food*
compsognato   *Compsognatus*
concha   *shell*
constelación   *constellation*
contaminar   *to pollute*
coral   *coral*
corroer   *to corrode*
cosecha   *crop*
crecer   *to grow*
crecimiento   *growth*
crustáceo   *crustacean*
Cruz del Sur   *Southern Cross*
cruzar   *to cross*
cuarto creciente   *first quarter*
cuarto menguante   *last quarter*
cubierto   *covered*
cubrir   *to cover*
cuchillo   *knife*

cuerno   *horn*
cuerpo celeste   *heavenly body*
cultivable   *cultivatable (arable)*
cuña   *wedge*

D

debajo de   *below*
delante de   *in front of*
delfín   *dolphin*
derramar   *to spill*
derrame de petróleo   *oil spill*
desarrollar   *to evolve, develop*
descansar   *to rest*
descanso   *rest*
descomposición   *decomposition*
descongelarse   *to melt*
desecho radioactivo   *radioactive waste*
desierto   *desert*
desperdicio de patio   *yard waste*
destruir   *to destroy*
detrás de   *behind*
diagrama   *diagram*
diámetro   *diameter*
dieta diaria   *daily diet*
diplodoco   *Diplodocus*
distinción   *distinction*
doler   *to hurt*
dormir   *to sleep*
duro   *hard*

E

eclipse   *eclipse*
ecosistema   *ecosystem*
Ecuador   *equator*
efecto de invernadero   *green house effect*
eje   *axis*
ejercicio   *exercise*
elástico   *elastic*
elefante   *elephant*
empujar   *to push*
empujatierra (excavadora)   *earthmover (bulldozer)*
encía   *gum (of the mouth)*
encima de   *on top of*
energía   *energy*

energía atómica   *atomic energy*
energía calorífica   *heat energy*
energía de luz   *solar energy*
energía de movimiento   *kinetic energy*
energía de sonido   *sound energy*
energía hidroeléctrica   *hydroelectric energy*
energía mecánica   *mechanical energy*
energía nuclear   *nuclear energy*
energía potencial gravitatoria   *gravity*
energía química   *chemical energy*
entero   *entire*
entre   *between*
erizo de mar   *sea urchin*
escama   *scale*
escudo (coraza)   *plate (of a dinosaur); shell of an animal*
espina   *spine*
espinaca   *spinach*
esponja   *sponge*
esqueleto   *skeleton*
Estados Unidos de América (EE.UU.)   *United States of America (USA)*
estar cansado   *to be tired*
estegosaurio   *Stegosaurus*
estenonicosaurio   *Stenonychosaurus*
estrella de mar   *star fish*
Estrella Polar   *North Star*
estrés   *stress*
estufa   *oven*
Europa   *Europe*
extinción   *extinction*

F

fango   *mud*
feroz   *ferocious*
fideo   *noodle*
filtrar   *to filter*
fisión   *fission*
flotar   *to float*
foca   *seal*
fósforo   *phosphorus*
fotosíntesis   *photosynthesis*
frijol   *bean*
fusil   *gun*

G

galleta   *cracker*
galleta dulce   *cookie*
garbanzo   *chick-pea*
garra   *claw*
glaciar   *glacier*
globo   *balloon*
golfo   *gulf*
goma   *rubber*
gorila   *gorilla*
granívoro   *grain-eating (granivorous)*
grasa   *fat*
grasa de ballena   *blubber*
grúa   *crane (machine)*
grulla   *crane (bird)*
guisante   *pea*

H

haba (judía)   *string bean*
halar   *to pull*
helecho   *fern*
hemisferio norte   *northern hemisphere*
hemisferio sur   *southern hemisphere*
herbívoro   *grass-eating (herbivorous)*
herida   *injury*
herramienta   *tool*
hielo   *ice*
hierro   *iron*
hígado   *liver*
hombre   *man*
hongo   *mushroom*
hormiga   *ant*
huella   *footprint*
hueso   *bone*
huevo   *egg*
humedad   *humidity*
hundirse   *to sink*

I

iguana   *iguana*
impulsarse   *to push, move*
industria   *industry*
insecto   *insect*
insoportable   *unbearable (unsustainable)*

inundación *flood*
invertebrado *invertebrate*
invierno *winter*
isla *island*

J

jabón *soap*
jaguar *jaguar*
jengibre *ginger*
Júpiter *Jupiter*

L

lagarto *lizard*
lana *wool*
langosta *lobster*
lata *can*
latitud *latitude*
lechuga *lettuce*
legumbre *vegetable*
lenteja *lentil*
leña *firewood*
león *lion*
levantar *to lift*
liana *vine*
linterna *flashlight*
llano *plain*
llenar *to fill*
lluvia ácida *acid rain*
lobo *wolf*
longitud *longitude*
loro *parrot*
Luna *moon*
luna llena *full moon*
luna nueva *new moon*
luz *light*

M

madera *wood*
maíz *corn*
mamífero *mammal*
manatí *manatee*
manteca *grease, fat*
mantequilla *butter*
mar *sea*
mariposa *butterfly*

marisco *seafood*
Marte *Mars*
mascar *to chew*
medio ambiente *environment*
medir *to measure*
medusa *jellyfish*
mejillón *mussell*
melocotón *peach*
Mercurio *Mercury*
metal *metal*
metamorfosis *metamorphosis*
miel *honey*
mil *thousand*
milla *mile*
millón *million*
mineral *mineral*
molusco *mollusk; shell fish*
mono *monkey*
montaña *mountain*
mosca *fly*
mosquito *mosquito*
movimiento de rotación *rotation*
movimiento de traslación *revolution*
murciélago *bat*

N

Neptuno *Neptune*
nervios *nerves*
nido *nest*
Norteamérica *North America*
nuez *nut*
nutriente *nutrient*

O

obstáculo *obstacle*
Océano Atlántico *Atlantic Ocean*
Océano Índico *Indian Ocean*
Océano Pacífico *Pacific Ocean*
ocupar *to occupy*
opaco *opaque*
orca *killer whale*
orquídea *orchid*
Osa Mayor *Big Dipper*
Osa Menor *Little Dipper*
oso panda *panda*

oso pardo *brown bear*
ostra *oyster*
otoño *fall (autumn)*
ovíparo *oviparous*
oxígeno *oxygen*

P

palanca *lever*
palio vegetal *canopy*
palmera *palm tree*
pan *bread*
pantano *marsh*
pantera *panther*
papas fritas *french fries*
paraguas *umbrella*
pasto *grass*
pata *foot of an animal*
peligro *danger*
perder *to lose*
perezoso *sloth*
perfume *perfume*
período cretáceo *Cretaceous Period*
período jurásico *Jurassic Period*
período triásico *Triassic Period*
pesar *to weigh*
pescado *fish*
pesticida *pesticide*
petróleo *petroleum; gasoline*
pez (peces) *live fish*
pez de colores *goldfish*
pico *beak*
piedra caliza *limestone*
piel *skin*
pila de linterna *battery*
pingüino *penguin*
pino *pine tree*
pintura *paint*
pisar *to step on*
piscívoro *fish-eating (piscivorous)*
piso *floor*
placa ósea *outer shell*
plancha *iron*
planeta *planet*
plancton *plankton*
plano *flat*
plano inclinado *inclined plane*

planta *plant*
planta eléctrica *power plant*
plateosaurio *Plateosaurus*
playa *beach*
pluma *feather*
Plutón *Pluto*
polea *pulley*
polen *pollen*
polo norte *North Pole*
polo sur *South Pole*
polvo *dust*
potencia *potency*
potencial *potential*
pradera *plain*
primate *primate*
primavera *spring*
protección *protection*
proteger *to protect*
pulgada *inch*
pulmón *lung*
pulpo *octopus*
puma *puma*
punto de apoyo *fulcrum, base*

Q

queso *cheese*

R

rana *frog*
rayo ultravioleta *ultraviolet ray*
reciclar *to recycle*
reducir *to reduce*
reflejar *to reflect*
refresco *soft drink*
regresar *to return*
rehusar *to refuse*
repollo *cabbage*
reptil *reptile*
reserva *reserve*
resistencia *resistence*
respirar *to breathe*
reutilizar *to reuse*
riesgo *risk*
rinoceronte *rhinoceros*
rueda *wheel*

S

salchicha; salchichón *sausage*
saltamontes *grasshopper*
salud *health*
saludable *healthy*
sandía *watermelon*
sangre *blood*
sangre caliente *warm blooded*
sangre fría *cold blooded*
sardina *sardine*
satélite *satellite*
Saturno *Saturn*
selva *jungle*
selva tropical *tropical rainforest*
sequía *drought*
ser humano *human being*
serpiente *snake*
sierra *saw*
silvestre (libre) *wild*
sistema solar *solar system*
soplar *to blow*
subir *to go up*
suelo *floor*
superficie *surface*
Suramérica *South America*

T

tamaño *size*
tentáculo *tentacle*
termes *termite*
termómetro *thermometer*
tiburón *shark*
Tierra *Earth*
tierra *land*
tinta *ink*
tiranosaurio Rex *Tyrannosaurus Rex*
tocino *bacon*
tórax *thorax*
torta *cake*
tortuga *turtle, tortoise*
trabajo *work*

trepar *to climb*
triceratops *Triceratops*
trompa *trunk*
trucha *trout*
tucán *toucan*
tundra *tundra*

U

único *only*
universo *Universe*
Urano *Uranus*

V

Venus *Venus*
verano *summer*
vértebra *vertebra*
vertebrado *vertebrate*
vertedero *dump*
vida *life*
vidrio *glass*
vidrio claro *clear glass*
viento *wind*
vivíparo *viviparous*

Y

yodo *iodine*

Z

zanahoria *carrot*
zona polar del Norte *Arctic Circle*
zona polar del Sur *Antarctic Circle*
zona templada del Norte *Tropic of Cancer*
zona templada del Sur *Tropic of Capricorn*
zona tropical *Equatorial Zone*
zorro *fox*

Diccionario Inglés-Español

A

abdomen *abdomen*
above *arriba de*
absorption *absorción*
acid rain *lluvia ácida*
adhesive tape *cinta de pegar*
aerosol *aerosol*
Africa *África*
algae *alga*
amphibian *anfibio*
ant *hormiga*
Antarctic circle *Zona polar del Sur*
antenna *antena*
appetite *apetito*
approach *acercarse*
Arctic *Ártico*
Arctic circle *Zona polar del Norte*
Asia *Asia*
Atlantic Ocean *Océano Atlántico*
atomic energy *energía atómica*
attract *atraer*
Australia *Australia*
axis *eje*

B

bacon *tocino*
bald eagle *águila calva*
balloon *globo*
bat *murciélago*
bathe *bañarse*
battery *pila de linterna*
bay *bahía*
beach *playa*
beak *pico*
bean *frijol*
bee *abeja*
beef *carne de res*
behind *detrás de*
below *debajo de*
between *entre*
Big Dipper *Osa Mayor*

bird *ave*
blood *sangre*
blow *soplar*
blubber *grasa de ballena*
blue whale *ballena azul*
bone *hueso*
Brachiosaurus *braquiosaurio*
bread *pan*
breathe *respirar*
broccoli *bróculi*
Brontosaurus *brontosaurio*
brown bear *oso pardo*
bushy understory *capa inferior*
butter *mantequilla*
butterfly *mariposa*

C

cabbage *repollo*
cake *torta*
calcium *calcio*
camouflage *camuflaje*
can *lata*
canopy *palio vegetal*
carbohydrate *carbohidrato*
carbon dioxide *bióxido de carbono*
carbon flouride *clorofloro carbono*
cardboard *cartón*
carrot *zanahoria*
cartilage *cartílago*
cheese *queso*
chemical energy *energía química*
chew *mascar*
chewing gum *chicle*
chick-pea *garbanzo*
cinnamon *canela*
clam *almeja*
claw *garra*
clear glass *vidrio claro*
climb *trepar*
coagulation *coagulación*
coal *carbón*
cod *bacalao*

cold blooded   *sangre fría*
comet   *cometa*
Compsognatus   *compsognato*
constellation   *constelación*
cookie   *galleta dulce*
coral   *coral*
coral reef   *arrecife de coral*
corn   *maíz*
corrode   *corroer*
cover   *cubrir*
covered   *cubierto*
crab   *cangrejo*
cracker   *galleta*
crane (bird) (machine)   *grulla; grúa*
Cretaceous Period   *período cretáceo*
crocodile   *cocodrilo*
crop   *cosecha*
cross   *cruzar*
crustacean   *crustáceo*
cultivatable   *cultivable*

D

daily diet   *dieta diaria*
danger   *peligro*
decomposition   *descomposición*
desert   *desierto*
destroy   *destruir*
diagram   *diagrama*
diameter   *diámetro*
Diplodocus   *diplodoco*
distinction   *distinción*
dolphin   *delfín*
drought   *sequía*
dry   *árido*
dump   *vertedero*
dust   *polvo*

E

Earth   *Tierra*
earth mover (bulldozer)   *empujatierra*
   (excavadora)
eclipse   *eclipse*
ecosystem   *ecosistema*
egg   *huevo*
elastic   *elástico*

elephant   *elefante*
emergent layer   *capa emergente*
energy   *energía*
entire   *entero*
environment   *medio ambiente*
equator   *Ecuador*
Equatorial Zone   *zona tropical*
Europe   *Europa*
evolve, develop   *desarrollar*
exercise   *ejercicio*
extinction   *extinción*

F

fall (autumn)   *otoño*
fat   *grasa*
fatty oil   *esperma de ballena*
feather   *pluma*
fern   *helecho*
ferocious   *feroz*
fill   *llenar*
filter   *filtrar*
fin   *aleta*
fir tree   *abeto*
firewood   *leña*
first quarter   *cuarto creciente*
fish (live)   *pez/peces*
fish-eating (piscivorous)   *piscívoro*
fish we eat   *pescado*
fission   *fisión*
flashlight   *linterna*
flat   *plano*
flesh   *carne viva*
float   *flotar*
flood   *inundación*
floor   *suelo*
floor   *piso*
fly   *mosca*
food   *alimentación; alimento*
foot of an animal   *pata*
footprint   *huella*
forest   *bosque*
fossil fuel   *combustible fósil*
fox   *zorro*
french fries   *papas fritas*
fresh water   *agua dulce*

frog *rana*
fulcrum, base *punto de apoyo*
full moon *luna llena*

G

garbage *basura*
garbanzo bean (chick-pea) *garbanzo*
gasoline *petróleo*
gill *agalla; branquia*
ginger *jengibre*
glacier *glaciar*
glass *vidrio*
global warming *calentamiento de la Tierra*
go up *subir*
goldfish *pez de colores*
good health *buena salud*
gorilla *gorila*
grain-eating (granivorous) *granívoro*
grass *pasto*
grass-eating (herbivorous) *herbívoro*
grasshopper *saltamontes*
gravity *energía potencial gravitatoria*
grease, fat *manteca*
greenhouse effect *efecto de invernadero*
grow *crecer*
growth *crecimiento*
gulf *golfo*
gum *encía*
gun *fusil*

H

hard *duro*
health *salud*
healthy *saludable*
heat energy *energía calorífica*
heavenly body *cuerpo celeste*
hole *agujero*
honey *miel*
horn (of an animal) *cuerno*
human being *ser humano*
humidity *humedad*
hunt *cazar*
hunter *cazador*
hurt *doler*
hydroelectric energy *energía hidroeléctrica*

I

ice *hielo*
iguana *iguana*
in front of *delante de*
inch *pulgada*
inclined plane *plano inclinado*
increase *aumento*
Indian Ocean *Océano Indico*
industry *industria*
injury *herida*
ink *tinta*
insect *insecto*
invertebrate *invertebrado*
iodine *yodo*
iron *hierro; plancha*
island *isla*
ivory tusk *colmillo de marfil*

J

jaguar *jaguar*
jellyfish *medusa*
jungle *selva*
Jupiter *Júpiter*
Jurassic Period *período jurásico*

K

killer whale *orca*
kinetic energy *energía de movimiento*
knife *cuchillo*

L

land *tierra*
last quarter *cuarto menguante*
latitude *latitud*
lentil *lenteja*
lettuce *lechuga*
life *vida*
lift *levantar*
light *luz*
light bulb *bombilla*
limestone *calcio carbonatado; piedra caliza*
lion *león*
Little Dipper *Osa Menor*
liver *hígado*

lizard   *lagarto (lagartijo)*
lobster   *langosta*
longitude   *longitud*
lose   *perder*
lung   *pulmón*

M

mammal   *mamífero*
man   *hombre*
manatee   *manatí*
Mars   *Marte*
marsh   *pantano*
meal, food   *comida*
measure   *medir*
meat   *carne*
meat-eating (carnivorous)   *carnívoro*
mechanical energy   *energía mecánica*
melt   *descongelarse*
Mercury   *Mercurio*
metal   *metal*
metamorphosis   *metamorfosis*
mile   *milla*
million   *millón*
mineral   *mineral*
mollusk   *molusco*
monkey   *mono*
moon   *luna*
mosquito   *mosquito*
mountain   *montaña*
mud   *fango*
mushroom   *hongo*
mussel   *mejillón*

N

nail   *clavo*
nectar collector   *chupador*
needle   *aguja*
Neptune   *Neptuno*
nerves   *nervios*
nest   *nido*
new moon   *luna nueva*
noodle   *fideo*
North America   *Norteamérica*
North Pole   *polo norte*
North Star   *Estrella Polar*
Northern hemisphere   *hemisferio norte*

nuclear energy   *energía nuclear*
nut   *nuez*
nutrient   *nutriente*

O

obstacle   *obstáculo*
occupy   *ocupar*
octopus   *pulpo*
oil   *aceite; petróleo*
oil spill   *derrame de petróleo*
on top of   *encima de*
only   *único*
opaque   *opaco*
orchid   *orquídea*
outer shell   *placa ósea*
oven   *estufa*
oviparous   *ovíparo*
owl   *búho*
oxygen   *oxígeno*
oyster   *ostra*
ozone layer   *capa de ozono*

P

Pacific Ocean   *Océano Pacífico*
paint   *pintura*
palm tree   *palmera*
panda   *oso panda*
panther   *pantera*
parrot   *loro*
pea   *guisante*
peach   *melocotón*
peanut   *cacahuete*
Pegosaurus   *pegosaurio*
penguin   *pingüino*
perfume   *perfume*
pesticide   *pesticida*
petroleum   *petróleo*
phosphorus   *fósforo*
photosynthesis   *fotosíntesis*
pin   *alfiler*
pine tree   *pino*
plain   *llano; pradera*
planet   *planeta*
plankton   *plancton*
plant   *planta*
plate (of a dinosaur)   *escudo (coraza)*

Plateosaurus *plateosaurio*
plum *ciruela*
Pluto *Plutón*
pollen *polen*
pollute *contaminar*
pork *carne de cerdo*
potency *potencia*
potential *potencial*
poultry *carne de ave*
power plant *planta eléctrica*
primate *primate*
protect *proteger*
protection *protección*
pull *jalar*
pulley *palanca*
puma *puma*
push *empujar*
push, move *impulsarse*

R

race horse *caballo de carreras*
radioactive waste *desecho radioactivo*
recycle *reciclar*
reduce *reducir*
reflect *reflejar*
refuse *rehusar*
reptile *reptil*
reserve *reserva*
resistance *resistencia*
rest *descanso; descansar*
return *regresar*
reutilize *reutilizar*
revolution *movimiento de traslación*
rhinoceros *rinoceronte*
rice *arroz*
ring *anillo*
risk *riesgo*
rotation *movimiento de rotación*
rubber *goma*

S

salt water *agua salada*
sand *arena*
sardine *sardina*
satellite *satélite*
Saturn *Saturno*

sausage *salchicha; salchichón*
saw *sierra*
scale *escama*
sea *mar*
sea horse *caballito de mar*
sea urchin *erizo de mar*
seafood *mariscos*
seal *foca*
shark *tiburón*
shell *carapacho; concha*
shell fish *molusco*
shell of an animal *escudo*
shrimp *camarón*
sink *hundirse*
size *tamaño*
skeleton *esqueleto*
skin *piel*
sleep *dormir*
snail *caracol*
snake *serpiente*
slot *perezoso*
soap *jabón*
soft *blando*
soft drink *refresco*
solar energy *energía de luz*
solar system *sistema solar*
sound energy *energía de sonido*
South America *Suramérica*
South Pole *polo sur*
Southern Cross *Cruz del Sur*
Southern Hemisphere *hemisferio sur*
sperm whale *cachalote*
spider *araña*
spill *derramar*
spinach *espinaca*
spine *espina*
sponge *esponja*
spring *primavera*
squirrel *ardilla*
stand, bear *aguantar*
star *astro*
star fish *estrella de mar*
Stegosaurus *estegosaurio*
Stenoychosaurus *estenonicosaurio*
step on *pisar*
stress *estrés*

string bean   *haba (judía)*
sulphur   *azufre*
sulfuric acid   *ácido sulfúrico*
summer   *verano*
surface   *superficie*

T

tail   *cola*
tentacle   *tentáculo*
termite   *termes*
thermometer   *termómetro*
thorax   *tórax*
thousand   *mil*
to be tired   *estar cansado*
to the left   *a la izquierda*
to the right   *a la derecha*
throw away   *botar*
tool   *herramienta*
toucan   *tucán*
trample down   *atropellar*
trap   *atrapar*
tree   *árbol*
Triassic Period   *período triásico*
Triceratops   *triceratops*
Tropic of Cancer   *zona templada del Norte*
Tropic of Capricorn   *zona templada del Sur*
tropical rainforest   *selva tropical*
trout   *trucha*
trunk   *trompa*
tuna   *atún*
tundra   *tundra*
turtle, tortoise   *tortuga*
Tyrannosaurus Rex   *tiranosaurio Rex*

U

ultraviolet ray   *rayo ultravioleta*
umbrella   *paraguas*
unbearable   *insoportable*
United States of America (USA)   *Estados Unidos de América (EE.UU.)*
Universe   *universo*
Uranus   *Urano*

V

vegetable   *legumbre*
Venus   *Venus*
vertebra   *vértebra*
vertebrate   *vertebrado*
vine   *liana*
viviparous   *vivíparo*
vulture   *buitre*

W

warm blooded   *sangre caliente*
watermelon   *sandía*
wedge   *cuña*
weigh   *pesar*
wheel   *rueda*
white whale   *ballena blanca*
wide   *ancho*
wild   *silvestre (libre)*
wind   *viento*
wing   *ala*
winter   *invierno*
wolf   *lobo*
wood   *madera*
wool   *lana*
work   *trabajo*

Y

yard waste   *desperdicio de patio*